JN045321

坂本龍一のメディア・パフォーマンス

マス・メディアの中の芸術家像

松井茂　川崎弘二　編著
坂本龍一　インタビュー

フィルムアート社

坂本龍一のメディア・パフォーマンス

マス・メディアの中の芸術家像

すべてが並列させられているのだが、すべてが壊れる寸前のようなあぶなっかしさのなかにほうり込まれているようにみえる。ぜい肉が切り落された破片が、いまにもゆらぎはじめるかのようだ。

——磯崎新「図鑑という手法」(坂本龍一「音楽図鑑——エピキュリアン・スクールのための」)

はじめに／第二～五章（第四、五章は聞き手）　川崎弘二
第一、五～九章／おわりに（第五、六章は聞き手）　松井茂

はじめに

川崎弘二

　この書籍に収められた文章が書かれた経緯について説明します。筆者は二〇〇六年七月に文筆家／音楽家の大谷能生さんのご協力のもと、「日本の電子音楽」という書籍を上梓しました。こちらの書籍は題名が示すように、現代音楽の領域での日本における電子音楽の歴史を、作曲家などへのインタビューを中心としてまとめたものです。そして、二〇〇七年三月に大谷さんは雑誌「インビテーション」のために坂本龍一さんに取材を行っており、その際に「日本の電子音楽」をお渡ししてくれたそうです。大谷さんからは、その場で坂本さんが熱心にページをめくっておられたと聞きました。その後も雑誌の「坂本龍一の本棚紹介」的な企画において、たびたび「日本の電子音楽」がそこに写り込んでいたことを憶えています。

「日本の電子音楽」を出版したことで面識を得ることのできた方々のなかに詩人の松井茂さんがおり、二〇〇七年七月に電子メールを受け取ってからはさまざまな研究会やシンポジウムなどにお誘いいただきました。松井さんは東日本大震災の直後に「テレビやラジオがインターネットで同時配信され、虚像と動画が入り交じる体験」[1]をされたことから、「現在のメディア環境から相対化された想像力／創造力」[2]としての創成期のテレビジョンを鍵にして、一九六〇年代における広義のアートシーンを考察するという取り組みをスタートさせています。そして、二〇一三年六月に筆者と松井さんは共編により、「日本の電子音楽」の続編を出版することになりました。

二〇一三年八月には坂本さんの総合監修による音楽全集「commmons: schola」と、ＮＨＫの「スコラ 坂本龍一 音楽の学校」という番組で電子音楽が取り上げられることとなり、筆者はこちらの書籍とテレビ番組のための座談会の収録で初めて坂本さんにお目にかかることになりました。その一方で松井さんは二〇一四年四月から科学研究費助成事業によって、「戦後日本におけるマス・メディア受容と現代芸術の文化学」という研究に着手されており、この研究は「第2次世界大戦後の日本の現代芸術を、マス・メディア（放送文化と出版文化）を分母とした文化現象として捉え直す」[3]という試みでした。筆者もこちらの課題を遂行するための研究会で、二度ほど電子音楽をテーマに発表させていただきました。

第十六回の文化庁メディア芸術祭は二〇一二年七月から作品の募集が行われており、このときからカテゴリーとして「メディア・パフォーマンス」が新しく設けられることになりました。

募集要項的にメディア・パフォーマンスとは「身体表現や音響表現までを含むパフォーマンス作品」[4]であると定義されていたようですが、松井さんは「戦後日本におけるマス・メディア受容と現代芸術の文化学」の研究会などでお目にかかるにつれて、メディア・パフォーマンスを「デジタル技術を用いてつくられたアート作品」[5]の枠のなかだけで捉えるのではなく、マス・メディアを支持体としたパフォーマティブな芸術を幅広く扱う概念として、積極的な拡大解釈もできるのではないかという方向へ思考を展開されていったように思います。そこで開催されたのが二〇一六年十一月に松井さんや筆者が登壇したシンポジウム「メディア・パフォーマンスとは何か?」でした。

二〇一七年三月に松井さんは「美術手帖」誌のために、ニューヨークで坂本さんへのインタビューを行っています。そして「美術手帖」誌には坂本さんへのインタビュー（本書の第六章に収録）のほかに、松井さんの監修による「坂本龍一にみる『メディア・パフォーマンス』の表現史」という特集と、松井さんの「マスメディアとアーティスト」というテキストが掲載されていました（本書の第一章に加筆改題のうえ収録）。こうして松井さんは「マス・メディアを分母とした文化現象」としてのメディア・パフォーマンスを体現する人物、すなわち、坂本龍一を研究することの重要性を認識されるに至り、二〇一七年八月からは坂本さんをテーマにしたプライベートな研究会がスタートすることになります。

二〇一七年十二月から二〇一八年三月にかけてはNTTインターコミュニケーションセンターにおいて、「坂本龍一 with 高谷史郎 設置音楽2 Is Your Time」が開催されており、こちらでは松井さんの詩が朗読されていました。さらに二〇一九年一月に松井さんは、NHKのラジオ番組「坂本龍一ニューイヤー・スペシャル」にご出演されるなど、坂本さんと松井さんのコラボレーションも行われるようになります。そして、二〇一八年七月には筆者の書籍「武満徹の電子音楽」が出版されました。こちらの書籍は松井さんの影響を受けて、冒頭に「二十世紀という世紀はテクノロジーの世紀でもあった。音楽の分野においてもそれは例外ではなく、本書は武満徹という作曲家が辿った創作の軌跡を電子テクノロジーという側面からアプローチすることを目的としている。そして、武満はその生涯を通じてあらゆるメディアを横断し、越境し、格闘しつつ作曲家としての創作の歩みを進めていった。本書が目指した『武満徹の電子音楽』を記述するという行為は、敗戦後における日本のメディア・パフォーマンスの歴史を概観するという試みでもあるものと考えている」[6]と記しています。

「武満徹の電子音楽」を出版したアルテスパブリッシングのコーディネイトにより、二〇一八年十二月に筆者は坂本さんに対して武満徹をテーマとしたインタビューを行うことができました（本書の第四章に収録）。そして、インタビューの直前には松井さんを中心に国際日本文化研究センター（日文研）との共同研究として、坂本さんを通底するテーマとした研究会「マス・メディアの中の芸術家像」が、満を持して開催されることが決まっています。いまの時点で読み返してみると、こちらの研究会が開催されることが決まったことにより、このときの坂本さんへのインタビューは「マス・メディアの中の芸術家像」としての武満徹について語っていただけないかと意識していた様子がうかがえます。

なお、松井さんの筆による研究会「マス・メディアの中の芸術家像」の趣旨は、「マス・メディア（放送文化と出版文化）を介してはかられる領域横断は、芸術家相互の新たなネットワークを生成することで、旧来の制度化された芸術諸分野を解体してきた。（略）こうした状況において、現代芸術は、抵抗文化としてのラディカルな戦略をいかに設計してきたのかを抽出する。／研究対象とする時代区分は、テレビがほぼ100％普及した１９６８年からインターネット元年と言われる１９９５年とする。オールド・メディア成熟期を分析対象とすることは、ニュー・メディア成熟期を迎える現在の批判理論の基礎となる」[7]というものでした。

そして、二〇一八年十月まで続けられた松井さんとの坂本さんをテーマにしたプライベートな研究会によって、「坂本龍一のメディア・パフォーマンス」における極めて重要な時期の一つは、一九八四年から一九八五年にかけての二年間であるという結論に達しました。松井さんから研究会「マス・メディアの中の芸術家像」の第一回の研究会での口頭発表を依頼された筆者は、二〇一九年二月にさっそく「マス・メディアの中の芸術家像 作曲家・坂本龍一と武満徹の場合」という発表のための原稿を書いていたようです（本書の第二章に改題のうえ収録）。こちらの発表は「メディア」に引き寄せた我田引水的な記述が目立ちますが、筆者による坂本さんへのインタビューを参照しつつ、一九八四／八五年に至るまでの経緯を参加者に概説することを目的としていました。

そして、二〇一九年五月に開催された第一回の研究会には坂本さんをゲストとしてお迎えすることになり、筆者は事前に一九八四／八五年を中心とした質問状（本書の第三章に収録）を坂本さんへお送りして、松井さんとの共同によるインタビューを実施することができました（本書の第五章に収録）。ただ、第一部に収録された筆者による二つの文章は公開を目的として執筆したわけではなく、とくに質問状はインタビューの背後に隠れた素材に過ぎません。質問状は一から原稿として書き直すことを提案したのですが、松井さんからはむしろ原型のままの質問状を、坂本さんへのインタビューの前提として掲載すべきだという意味のご指示をいただきました。二つのインタビューと重複する箇所もあり、的外れなものも含む気負いすぎて恥ずかしい手紙のようなものなのですが、「坂本龍一のメディア・パフォーマンス」の理解の助けとなることを祈っております。

二〇二〇年二月には日文研の研究会が終わり、松井さんとは「マス・メディアの中の芸術家像」で行われた広範囲の議論をもとにして、坂本さんに特化した書籍としてまとめていく方向での打ち合わせを進めていました。しかし、新型コロナウイルスの世界的な流行により、追加の取材や調査もままならない状況が続きます。ただ、そのなかでも二〇二一年三月三十日には、坂本さんのアート・ボックス「2020S」(松井さんも参加)と、松井さんの書籍「虚像培養芸術論」が奇しくも同じ日に発売されていました。

本書は坂本さんがテーマとなっていますが、評伝や音楽論や社会的な活動についての本というわけではなく、かといって二〇〇〇年代以降に高谷史郎さんとの共作を中心として、世界各地の美術館などで発表された多分にメディア・アートの要素を含むインスタレーション作品を中心的に取り上げているわけでもありません。しかし、マス・メディアを舞台とした二〇世紀以降の芸術家たちの戦略を、「坂本龍一のメディア・パフォーマンス」を軸として抽出するという試みは、さらに視点を拡大して続けられていくべき課題であるものと考えています。

註

1 松井茂『虚像培養芸術論』フィルムアート社(二〇二一年三月)5頁

2 註1、7頁

3 「戦後日本におけるマス・メディア受容と現代芸術の文化学」https://kaken.nii.ac.jp/ja/grant/KAKENHI-PROJECT-26503003/(二〇二三年五月一日アクセス)

4 「募集 9月20日まで:第16回文化庁メディア芸術祭」(二〇一二年八月二十一日)https://www.art-annual.jp/news-exhibition/news/4566/(二〇二三年五月一日アクセス)

5 文化庁メディア芸術祭事務局編『第16回文化庁メディア芸術祭 受賞作品集』文化庁メディア芸術祭事務局(二〇一三年)8頁

6 川崎弘二『武満徹の電子音楽』アルテスパブリッシング(二〇一八年七月)5頁

7 「マス・メディアの中の芸術家像」https://www.nichibun.ac.jp/archive/research/coop/2019/6.html(二〇二三年五月一日アクセス)

第一部　マス・メディアの中の芸術家像——一九八四／八五年を中心に

第一章

メディア・パフォーマンスというゲリラ戦

松井茂

実験工房からYMOへ

二〇一五年に小学館から刊行された「日本美術全集」第十九巻は、「拡張する戦後美術」をとりあげ、「戦後から一九九五年」を対象としている。

編者の美術批評家、椹木野衣(一九六二年〜)は、解題にあたる論考で、一九八〇年代について「成熟して加速する消費文化の到来と歩調を合わせるような、多幸的で攻撃的なまでに表層的な『ヘタうま』や『ニュー・ペインティング』といった動向が登場する」としたうえで、大竹伸朗(一九五五年〜)、三上晴子(一九六一〜二〇一五年)を筆頭に、「『若者たちの神々』『新人類の旗手たち』(いずれも筑紫哲也が「朝日ジャーナル」で連載した記事のタイトル)と称され、従来の美術家像からは想像もつかないほどマスメディアでの注目を集めた。芸術と芸能が欧米のように明確な境界をもたない日本では、ひとたび資本の力によって両者を分かつ結界が切れれば、双方の要素を兼ね備える美術家が現れるのは、ことの必然であった」と論じる。[1]

それはつまり戦後美術において、一九五三年のテレビ本放送開始時から最晩年までテレビに出演した岡本太郎（一九一一〜一九九六年）、一九六〇年代のデビュー時からテレビに出演しつづける横尾忠則（一九三六年〜）、池田満寿夫（一九三四〜一九九七年）、山下清（一九二二〜一九七一年）など、芸術と芸能の要素を兼ね備えた先達が、その点からの評価や研究をなされてないという問題点の指摘でもある。

こうした傾向の「集大成的な存在が、細野晴臣、坂本龍一、高橋幸宏からなる音楽ユニット『イエロー・マジック・オーケストラ』（YMO）」だとしている。続けて「坂本がつくば科学万博でSONYのジャンボトロンを使い、浅田彰（一九五七年〜）と『ラディカルTV（＝庄野晴彦＋原田大三郎）』とのコラボレーションを試み、戦争を主題とした音と光と映像からなるパフォーマンス『TV WAR』を実現したのは、本論の通奏低音といえる実験工房からの流れを考えたとき、じつに象徴的なことであった」とまとめる。[2]

実験工房は、「実験」に象徴される科学を標榜することで、ファシズム的な戦争芸術や、社会主義リアリズムや土俗的シュルレアリスムを切断した、「『サイエンス』の時代から生まれた、正真正銘の『戦後美術』の申し子」であったと椹木は位置づける。科学的であるという固定観念は、一九七〇年の日本万国博覧会（大阪万博）、一九八五年の国際科学技術博覧会（つくば科学万博）といった国策の基礎となって、領域横断的な想像力は、「メディア・アート」を造語する。[3]

以上のように、「日本美術全集」第十九巻「拡張する戦後美術」では、編者の史観による大胆な枠組みが提起されている。マス・メディアで活躍する芸術家の登場、実験工房から「メディア・アート」への系譜、この二点は、本書においても重要な論点だ。実験工房からYMOへというアーティスト・コレクティヴとしての注目は、作曲家、武満徹（一九三〇〜一九九六年）から坂本龍一へという個別の関係性を示唆している。

川崎弘二「武満徹の電子音楽」（アルテスパブリッシング、二〇一八年）の刊行に際して、本書に収録した坂本のインタビューが実現したことなどからも明らかなように、両者には極めて自覚的で肯定的な接点があった。

椹木の意図に倣えば、美術が拡張した戦後という時代設定、一九四五〜一九九五年は、武満が活動した時代に一致する。言い換えれば、坂本こそが、「拡張する戦後美術」の集大成なのではないか。映画、ラジオ、テレビで音楽の仕事をし、新聞や一般誌にもたくさんの寄稿をし、文化人として社会的な発言をした武満、と捉えると、見事に坂本と重なり、マス・メディアの中の芸術家像という系譜が浮上する。

メディア・アート？

椹木が実験工房の集大成として使った「メディア・アート」という言葉について、確認しておこう。

「はじめに」で川崎が書いているように、本書では「メディア・パフォーマンス」という言葉を積極的に使っている。メディア芸術祭によって使われている言葉であったことも事実だが、インスタレーションに対して、メディア技術による、なんらかの応答（インタラクション）や生成（ジェネラティヴ）な性格をもった表現を考えるならば、美術であれ、音楽であれ、タイム・ベースドな表現として、パフォーマンス性を指摘できると考えた。加えて、マス・メディアを対象に、時間軸上に出来事が生起することを社会学の中で理論化した、ダニエル・ダヤーン、エリユ・カッツ「メディア・イベント　歴史をつくるメディア・セレモニー」（青弓社、一九九六年。原著は一九九二年）が想起される。これを現在のメディア環境で再編する試み、飯田豊、立石祥子「現代メディア・イベント論　パブリック・ビューイングからゲーム実況まで」（勁草書房、二〇一七年）に触発された点は大きい。

他方で、モダン・アート、ミニマル・アート、コンセプチュアル・アートという造語は、それぞれが「主義 -ism」を様式として定義しているように思う。これに対して「メディア・アート」は、一九八〇年代後半から使われているが、定義が未だに覚束ない。そこに魅力を感じる向きも理解できる一方、「主義」を排した、戦後日本の科学実験精神という捉え方に留まることになる。戦後美術を代表する美術批評家、東野芳明は、一九八七年に戦後四十年間の美術を総括して「自爆につぐ自爆の連続」と慨嘆した。[4] 実験精神が先行し、思想的成熟を拒む「メディア・アート」は、戦後日本美術の集大成を言い得た言葉ではあるのだろう。

一九八四年=パフォーマンス元年

「async」のリリースにあわせて、二〇一七年三月に収録した「美術手帖」初出のインタビューで、坂本は次のように発言している。

「メディア・アート」という言葉にはつねに胡散臭い印象が漂っていますね。元来「アート」つまり「芸術」という言葉は定義できないものだし、まして一九世紀と二〇世紀、二一世紀の「アート」は同じものなのかと問うと、どうも簡単には同じとは言えないし、「メディア」という言葉もよく考えると難しい。そこに「音楽家」を接続するのは、三重にこんがらがって、なんともし難い問題設定だと思いますね。[5]

こうした流れで、インタビューのすこし先で、私が「『メディア・パフォーマンス』というタームで、既存のジャンル観を失効させ、メディア技術による横断的な状況を中心に一九八〇年代以降を考えたい」と切り出したところ、坂本は、「その流れで言うと、僕と友人たちは、一九八四年を『パフォーマンス元年』と呼んでました」と応じた。[6] さらに二〇一九年のインタビューでは、「一九八四年というのはぼくにとって特別な年なんですね。ぼくだけの思い込みというわけではなく世界じゅうから東京へいろいろなアーティストが来た年でもあって、ぼくは勝手に『パフォーマンス元年』と呼んでいるんです」と言い直している。[7]

一九八六年に出版された書籍では、「パフォーマンスという言葉から何を想像しますか？」という質問に、坂本は以下のように答えている。

1984　ローリー・アンダーソン　ハプニング　ボイス・パイク　草月会館　ラ・フォーレ　ローズリー・ゴールドバーグ　バウハウス　ニューヨーク　ジョン・セックス　TV　VIDEO[8]

つまり一九八四年である。ローリー・アンダーソンは、「Next Wave of American Women」Vol.4として来日。六月十八、十九日に日本青年館でパフォーマンスしている。[9] ヨーゼフ・ボイス（一九二一〜八六年）は西武美術館、ナムジュン・パイク（一九三二〜二〇〇六年）は東京都美術館で展覧会を開催。六月二日に草月会館で二人はパフォーマンスをする。ローズリー・ゴールドバーグは、「パフォーマンス　未来派から現在まで」（リブロポート、一九八二年、中原佑介訳。原著は一九七九年）の著者。同書の第五章は、「バウハウスのパフォーマンス＝芸術とテクノロジーの新しい統一（体）」である。坂本は、一九八四年十月二十二日に成田を発ち、ニューヨークへ向かい、パイクとビデオ作品「All Star Video」の撮影を実施（十月二十六日帰国）。ジョン・セックスは、ニューヨークで活躍したパフォーマー。

坂本はパフォーマンスの性格について「絵画・音楽・舞踊といった従来の分類の一つとしてパフォーマンスが確立するか？　という意味でしたら、パフォーマンスというメディア自体がそういった分類項の一つになることを拒否する傾向をもっているように思います」[10]と述べている。坂本は、当時から一貫して分類されない活動に対する憧れ、あるいはジャンル化されることを「拒否する」ことに、自身の活動のアイデンティティを置いていたのだろう。

ちなみに、ゴールドバーグの訳書の刊行がきっかけだったかはわからないが、清水徹＋山口勝弘「冷たいパフォーマンス　ポスト・モダン講義」（朝日出版、一九八三年）、磯崎新（編著）「建築のパフォーマンス『つくばセンタービル』論争」（PARCO出版、一九八五年）が刊行され、「ユリイカ」一九八四年九月号、「美術手帖」一九八五年十月号の特集などが相次いだ。

「朝日ジャーナル」（朝日新聞社）は、一九八四年十二月九日にシンポジウム「パフォーマンス・ナウ！」を開催。赤瀬川原平（一九三七〜二〇一四年）、浅田彰、大須賀勇（一九四六年〜）、如月小春（一九五六〜二〇〇〇年）、高橋悠治（一九三八年〜）、竹田賢一（一九四八年〜）、ねじめ正一（一九四八年〜）、山口昌男（一九三一〜二〇一四年）、筑紫哲也（一九三五〜二〇〇八年）が登壇した。[11] この人選で注目しておきたい点は、日本にいち早くパフォーマンスの概念を紹介した山口と、「東京ミキサー計画　ハイレッド・センター直接行動の記録」（PARCO出版、一九八四年）を上梓し、一九六〇年代のハプニングを当時のパフォーマンスに重ね合わせ、自身の活動を再評価の俎上に載せた赤瀬川だ。筑紫による人選は、同時代性のみならず歴史的な射程を持っていたように思う。

──筑紫哲也の「朝日ジャーナル」──

椹木が、一九八〇年において注目を促したマス・メディアとして、筑紫哲也の「朝日ジャーナル」を確認しておこう。

前提として、第二次世界大戦後――日本においては一九四五年八月十五日以後――のアートシーンを考える際、世界中に進駐したアメリカの影響を無視することはできない。それは、当初東側へのプロパガンダを目的に整備された、インフラストラクチャーとしてのマス・メディアをもたらす。日本においてマス・メディアとは、新聞社とテレビ局であった。私は、これまでにも、『『マスコミ』は、自由と統治の諸刃の装置（ディスポジティフ）であり、戦後日本の思想、芸術表現はもちろんのこと、ほぼあらゆる文化の分母となっている」ことを指摘し、その観点から、一九五〇、六〇年代のアートシーンを論じてきた。[12] ある意味で、椹木の戦後美術史観の一端を検証してきたとも言える。

筑紫は、一九八四年から八七年までの三年間、週刊誌「朝日ジャーナル」の編集長を務めた。同誌は、一九六〇年代後半に最高で二十七万部を発売したが、八四年当時、六万部にまで売り上げは落ち込んでいた。[13] 当時の日本の総人口が約一億二千万人で、テレビの普及率は100%とすれば、この数値は視聴率の0.5%ということになる。この数字を見ると、新聞社の出版物ではあるが、椹木が言う「従来の美術家像からは想像もつかないほどマス・メディアでの注目を集めた」は言い過ぎにも感じられる。むしろ重要なポイントは、「従来」であれば、専門誌にしか登場しない人々が、頻繁に総合誌に登場し、発言したことが「想像もつかない」ことであったと言い直すべきだろう。

他方で筑紫は、編集長就任以前の一九七八年から八二年まで、テレビ朝日で「日曜夕刊！ こちらデスク」のキャスターを務めていたことによる知名度があり、テレビから雑誌への起用という話題性が、まずは低迷する雑誌へのテコ入れであった。筑紫の編集方針は明快で、「60年代、70年代では政治を語ることがかっこよかった。それがかっこわるくなって、これに代わり、文化とアートがかっこよくなった。じゃあそれをロールモデルにして、最先端の情報を提供してやろうと」いうものだった。[14] この目玉となったのが、筑紫がインタビュアーとなった「若者たちの神々」である。一九八四年四月十三日号の第一回が浅田彰で、一九八五年四月十二日号の第五十一回が田中康夫だった。[15] 若手文化人に焦点をあてたこの連載が話題を呼び、いわゆる「ニューアカデミズム」と呼ばれる文化現象が展開する。この時期、発行部数は九万部になっていた。[16] 続けて、「新人類の旗手たち　筑紫哲也の若者探検」にタイトルが変わり一九八五年四月十九日号から十二月二十七日号まで三十六回続いた。[17]

全体を見渡すと、知名度のある筑紫が取りあげることによる、どちらかと言えば無名で素人に近い新人の情報発信と、旬の文化人を取りあげるケースがある。冒頭で名前のあがった大竹、三上も、筑紫によって紹介された情報発信の性格が強かっただろう。いずれにしても、マス・メディアを背景にした筑紫のスタンドプレーとして、これまでの誌面には登場しなかった人選に基づくメディア・イベントが実践されたわけである。

坂本は「若者たちの神々」第八回（一九八四年六月一日号）に登場する。これは浅田から始まり、第二回糸井重里、第三回藤原新也、第四回鈴木邦男、第五回椎名誠、第六回如月小春、第七回村上春樹に続く。一見して、この連載が捉えようとした若手文化人のかっこよさが見えてくる。

筑紫は、一九八七年に編集長を退き、一九八九年には再びTBSで「筑紫哲也 NEWS23」（番組は二〇〇八年まで）のキャスターとなった。この番組でも、基本的に「朝日ジャーナル」の路線は継続されていた。一九九七年には、坂本が番組のオープニング・テーマとして「put your hands up」を作曲している。

一九九六年一月から三月にかけて、同番組のエンディング・テーマとして、武満徹の「翼」が採用され、一九九五年十二月には、このレコーディングに関して番組にも出演した。そして一九九六年二月二十日には亡くなる。[18]

マス・メディアの中の芸術家像

日本では、一九五三年にテレビの本放送が始まり、映像メディアの特性は、中継による伝達にあることが自覚されてきた。徐々に確立されるマス・メディアの送り手にとってのメディア・

リテラシーは、結果的には、奇異な動きや、特徴的な表情を出演者に求めるようになっていく。同時にテレビジョンは、即時的な状況に対応できるタレントを要請し、即興性を持ち味とする切れ味のよい発言者を求めていく。出演者自身の意図とは裏腹に、結果として前衛芸術とコメディーの境界は見え難く展開し、特徴的なしゃべり方は消費されがちだ[19]。一九五三年にテレビに出演しはじめた岡本太郎は、当初は、現代美術を身振り手振りを交えて紹介する解説者であったが、一九八〇年代には、奇異な行動をする「前衛芸術家」としてバラエティー番組に出演していた。テレビ中継、番組作りの文法が成熟し、様々なクリシェが生まれたこの時期、業界用語を多用した内輪うけや、スタッフを出演者に再配置するなど、とんねるずの登場がマス・メディアに対する批判に見えることもあっただろう[20]。

ある意味、そこまで砕けずとも、ざっくばらんにテレビで話すというスタイルは、筑紫の持ち味でもあったし、新人類と呼ばれる文化人たちの共通項であったようにも思われる。

さて、岡本とは別の形で、コメディアンでもなくキャスターでもなく新人類でもなく、アーティストとして、この時期に日本のテレビで活躍したのは、パイクだった。そして、マス・メディアへのゲリラにも見えるような、世界中を接続し、混沌とした中継芸術（サテライト・アート）を、立て続けに発表した。一九八四年「グッドモーニング・ミスター・オーウェル」、一九八六年「バイ・バイ・キップリング」、一九八八年「ラップ・アラウンド・ザ・ワールド」である。現在これらの番組＝作品は、中継の記録としてビデオで残されている。いま考えてみれば、マス・メディアの衛星中継を活用し、放送事故のような接続を繰り広げ、通常放送の中にゲリラのような映像表現を実現してみせたことは、驚きを禁じ得ない。パブリックなメディア空間で実践された、偉大なメディア・パフォーマンスである。

マス・メディアの中の現代音楽界に目を向けると、柴田南雄、芥川也寸志、黛敏郎、諸井誠、三枝成彰、池辺晋一郎といった作曲家は、テレビやラジオの解説者として、あるいはトークの名ホストとして知名度を得ていた。しかしながら、メディア・パフォーマンス的な活動を実践した人はいなかったように思う。もちろん、NHKの電子音楽スタジオを通じて、演奏ではなく、放送という形式でしか発表できない作品に取り組んだり、ラジオ・ドラマやテレビ番組として、メディアと不即不離な音楽作品がないわけではない。そこに極めて奇異な表現があったりはするのだが、パイクのようにメディアそれ自体への批評的な挑戦を感じられる作品は見当たらない。

坂本と現代音楽界が一線を画していることは言うまでもない。しかし、いわゆる芸能人と一線を画していることも事実である。本来はマイナーな音楽性をもったYMOは、海外での評価というニュース性と奇異な演出のパフォーマンスから、社会的な知名度を得て（しまい）、椹木の言に倣えば、芸術と芸能の要素をあわせもって（しまい）、ここまで述べた誰よりも、知名度を持つ、社会的な芸術家となった。

きっかけとなったYMOのヒットを、坂本は苦悩として回顧する。[21] しかし音楽家としての作品発表、様々なプロジェクトの実現は、マス・メディアを分母とした文化現象をつくりだす芸術家像を打ち出すことに展開した。晩年により強くなる社会的発言に際しても、最良のかたちでその知名度を行使しただろう。[22]

私はこの点をポジティヴに捉える。後述する「TV WAR」(一九八五年)や「LIFE」(一九九九年)は、それぞれソニー、朝日新聞社とテレビ朝日が主催だが、いずれも広告とは異なるレベルで表象されたメディア批判だった。前述したパイク同様、マス・メディアを分母としながらもゲリラ的性格をもったメディア・パフォーマンスの実現である。

以下に、坂本のメディア・パフォーマンスを抽出しておきたい。

イエロー・マジック・オーケストラ(一九七八〜一九八三年)

YMOは、細野晴臣(一九四七年〜)、高橋幸宏(一九五二〜二〇二三年)、坂本龍一による伝説的テクノ・バンドだ。レコードでもライブでも、シンセサイザーとシーケンサーを多用したその音楽は、「シラケつつノリ、ノリつつシラケる」という、[23] 浅田が思想として提示した時代の空気感と合致していただろう。

ＹＭＯの活動は、音楽に留まらず、マス・メディアを通じて頒布されるレコードのデザインや、ファッション、発言において文化現象をも牽引した。椹木は冒頭に引いた「日本美術全集」で、奥村靫正（一九四七年〜）がデザインしたＹＭＯのアルバム「ＢＧＭ」（一九八一年）のジャケットのイラストを美術作品として取りあげている。椹木は、一九八〇年代に顕著な、「イラストレーションとアート」「広告と油絵」「芸術と芸能」の横断を指摘した。[24] ＹＭＯは、音楽におけるメディア技術と、作品発表の場であるマス・メディアを自覚的に活用し、新たな価値観を社会に提示している。

All Star Video（一九八四年）

ナムジュン・パイクと坂本龍一によるビデオアート作品。ジョン・ケージ、マース・カニングハム、ヨーゼフ・ボイス、アレン・ギンズバーグ、ローリー・アンダーソンらが出演する。ビデオのパッケージは赤瀬川原平がデザイン。

すでに述べたように、パイクらの来日を得た一九八四年、日本のアートシーンでは「パフォーマンス」への注目が高まった。繰り返しを避けた説明をすれば、メディア技術が民生機によって普及することで、社会の様々な分野で従来の専門性が解体し、技術の民主化により「誰でもできる」という一般性、さらに言えば、素人のアイディアの独創性が注目された。この点を「パフォーマンス」という言葉で捉え、芸術諸分野の越境が戦略的に行われようとした、という言い方もできるだろう。

パイクはこのビデオの制作動機として、一九八一年に始まったＭＴＶ（ミュージック・テレビジョン）が寡占的で保守的になってしまったことへの批判をあげる。おそらくこれが理由で、音楽家・坂本龍一のミュージック・ビデオという体裁をとり、その換骨奪胎が意図された。坂本には役者、モデル、レポーターとして、素人的な役割も演出され、そこにパイクの過去作品や長年のコラボレーターであるシャーロット・ムアマン、一九六〇年代のスターとの絡みが挿入される。特に、坂本がケージをインタビューするシーンは、一九八〇年代のスターが一九六〇年代にタイムスリップし、純粋なファンとして会話している感じで清々しい。時空、分野、役割を分裂症的に折衷した本作は、ビデオという映像メディアのみが実現しうるパフォーマンスである。

TVWAR（一九八五年）

一九八五年三月。テレビマンユニオンが企画した「東京国際ビデオビエンナーレ」に、審査員として浅田彰、坂本龍一が参加し、ラディカルTVはライブ・パフォーマンスで出演した。同じく三月から開催された「国際科学技術博覧会」（つくば万博）に、ソニーはジャンボトロンをパビリオンとして出展した。ジャンボトロンは、41m×45mの躯体に、25m×40mのモニタと、複数のカメラを内蔵したテレビジョン建築である。

テレビマンユニオンの重延浩の仲介で、浅田、坂本は、ソニーの責任者である黒木靖夫（ウォークマンの開発者でもある）と会う。[25] 黒木は「いまからの芸術家はオーディオもビデオも理解しなくてはいけない、この企画では、演奏をしながらジャンボトロンの映像もクリエイトしてみてほしい」[26]「あれを壊してもいいから、二度と再現できないパフォーマンスをやってください」と依頼。[27] 浅田は、パイクにも助言を仰ぎながら、坂本とラディカルTVを繋ぎ、これが「TVWAR」に結実する。

一九八五年九月十五日十九時から実施された映像装置と虚像をめぐるパフォーマンスは、小雨の中挙行。核爆弾やミサイル、過去の戦争のイメージを反復し、ジャンボトロンや会場で撮影されるライブ映像も交錯し、それに連動したDJ的音響は、一九九一年の湾岸戦争にはじまり、現在の「ポスト真実」にいたるマス・メディアを予見した作品となった。

電視進化論あるいは映像のゲリラ戦

坂本のメディア・パフォーマンスにおける映像の考え方には、浅田が及ぼした影響はとても大きいのではないだろうか。浅田が「ＴＶ ＷＡＲ」の際に書いたテキストは、いまもって示唆的だ。

「ＴＶは現実の反映では無い。それは現実そのものの一部なのだ。スクリーンの内と外とが錯綜した、異様なリアリティ」への「ゲリラ戦を戦うだけの技量を今から磨いておく必要があるでしょう」として、ビデオ・アートを含むメディア技術を駆使した、マス・メディアに介入する表現方法の錬成（＝エラボレーション）を呼びかける。そして「ソフトな誘惑とソフトな脅迫を組み合わせた映像の政治は、今や現実の政治の重要な構成要素なのです。それによって作られるソフトな閉域に一条の亀裂を走らせること」を主張する。[28]

おそらくこの主張は、パイクのサテライト・アートのパラフレーズであるだろう。そのさらなる実践として、「TVWAR」の翌年、テレビ・ディレクターであり新人類という言葉の代名詞的な存在である田口賢司（一九六一年〜）をプロデューサーに、フジテレビ（テレビマンユニオン）で「TVEV Broadcast」（出演＝ラディカルTV、浅田彰、ポール・ヴィリリオ、柄谷行人、磯崎新、フェリックス・ガタリ他）が制作される。一九八六年九月十二日の深夜から翌日の早朝にかけて放送された。[29]

電子時代のアートとして、社会的諸関係の中で、インターネット以前ではあったが、ネットワークを視野にいれたTV表現を模索する。[30]

浅田は「朝日ジャーナル」一九八八年十一月四日号で、ポール・ヴィリリオと「巨大事故が人を〈魅惑〉する」という対談をする。この際の話題をコンセプトにした実験番組「事故の博物館」（出演＝ラディカルTV、ポール・ヴィリリオほか）が、NHKで制作され、一九八九年三月二十二日（放送記念日）に放送されている。こうした番組がNHKのディレクターとラディカルTVと浅田によって制作されたことについて、自身は、「巨大化したシステムが、外部の新しい血を導入しながら、自分自身をも革新してゆく。それはまた、システムをゲリラ的に乗っ取る可能性が開かれるということでもある。急速に変化しつつある現代のメディア・ランドスケープは、そのようなゲリラ戦の戦場となってゆくだろう」[31]と予言した。これは思想であり、芸術家の言だ。

映画「ラストエンペラー」（一九八七年）を皮切りに、世界的な映画音楽の作曲家として多忙を極める坂本が、浅田との共働を再開するには、すこし時間が必要だった。

「LIFE a ryuichi sakamoto opera 1999」（一九九九年）

「LIFE a ryuichi sakamoto opera 1999」は、映像装置とオーケストラ、歌手、ダンサーによるオペラ作品である。しかし映像装置は、昨今のオペラ作品にありがちな演出としての役割では無い。出演者の一部は、映像の中に登場し、歴史的な映像や多くの声と共に再生される。映像装置もまた、オペラに必須なライブ・パフォーマーとして、すべての出演者と共に作品としての時間を構成する。この方式は、明らかに「TVWAR」を踏襲していた。

冷戦終結（一九八九年）とイメージ・ゲームと化した湾岸戦争（一九九一年）を挟み、結果として約十年の潜伏期間を経たゲリラ戦が、朝日新聞創刊百二十周年記念、テレビ朝日開局四十周年記念という冠のついたメディア・イベントとして準備される。浅田は、ダムタイプのメンバー、高谷史郎を投入した。そして、このパフォーマンスにはジャン＝リュック・ゴダール（一九三〇〜二〇二二年）が大きな役割を果たす。

『LIFE』の構成案が最終的に決まった夜というのがあるんですよ。「京都会議」と呼んでるんですけど（笑）。九九年の正月に浅田さんと高谷君と僕の三人でダムタイプの寒い事務所（笑）に集まって、『映画史』を観ながら、それこそ参照しながら（笑）、三人でババッと決めたという感動的な時間があったんですけど（笑）。とにかくゴダールのように乱暴にやろう（笑）というのが合い言葉で。[32]

このオペラの主題は、二〇世紀の歴史回顧と、その批判としての千年紀の重ね描きであり、抽象的なパフォーマンスとしか言いようのない、反物語である。坂本は、二〇世紀を「戦争と殺戮の世紀」であったと位置付け、この原因を原爆に象徴される人間の技術に見る。そして、「技術は科学の知識に基づいてつくられる。とすれば、このような破壊の技術を生みだした、われわれの科学の知識がまだ幼稚なのだ。まず四〇億年におよぶ生命の進化を知らなければならない。そして、それを育んだこの惑星のことを知り、さらにこの惑星が属する宇宙を知らなければならない。そして物質の流転と生命の共生に耳をかたむけ、技術の運用の仕方を学びなおさねばならない」という。[33]

主題の前半は、ある意味で科学万博での「TV WAR」の再演であり、そこに共生という主題が加わったと見ることもできるだろう。

そして現在、改めて注目しておきたいのは、「技術の運用の仕方を学びなおさねばならない」という言葉である。テクノ・ミュージックを経て、メディア技術を全面的に駆使した音楽を思考してきた坂本の言葉であるだけに、ここにリアリティを感じる。また、浅田が繰り返し述べてきたマス・メディアとのゲリラ戦とは、オルタナティヴな次なる芸術様式への呼びかけでもあったはずだ。

推測するに、主催者は、オペラという言葉に、もっとわかりやすい祝祭を期待していたに違いない。メディア・パフォーマンスとしか呼びようのない、脱構築されたオペラが実現したことの真価は、二一世紀のアートシーンによって、やっと再発見されるものかもしれない。

このふたりのコラボレーションは、一方的な関係で無く、坂本のコラボレーターとしての浅田、浅田のコラボレーターとしての坂本であり、それぞれの視点の交差として評価すべきものであろう。

二〇世紀の有終の美を飾るオペラは、戦後芸術の有終の美を飾るメディア・パフォーマンスであった、と言い換えることもできるだろう。

註

1　椹木野衣「よみがえる「戦後美術」——しかしこの車はもと来た方向へ走っているではないか」『日本美術全集 第19巻 拡張する戦後美術』小学館（二〇一五年八月）186頁

2　註1、187頁

3　註1、175頁

ちなみに美術、それも日本美術に留まらない領域横断という観点は、一見特別なことにもみえるが、「アート」という言葉は、音楽や建築や文学も包括した英語であることを意識すると、日本における「美術」という特殊な訳語に基づく印象は留意する必要があるだろう。近年「美術」よりも、「アート」が使われることが一般化してきたのは、ドメスティックな美術概念の変化である（松井茂「共感への公然たる抵抗を考える」『美術手帖』1065号（二〇一八年三月）94〜99頁）。

4　東野芳明「戦後日本の前衛美術」『朝日新聞 夕刊』（一九八七年四月二十一日）5面

5　本書、213頁

6　本書、218頁

7　本書、153〜154頁

8　ツルモトルーム編『パフォーマンス・ナウ』東急エージェンシー出版部（一九八六年四月）210頁

9　一九八四年八月十五〜十七日にはラフォーレミュージアム赤坂でもパフォーマンスが行われていた。なお、Vol.1はリサ・ライオン、Vol.2はシンディ・シャーマン、Vol.3はモリッサ・フェンレイ&ダンサーズ。

10　註8、211頁

11　「パフォーマンス」というタームを人類学、演劇の観点から使用した、リチャード・シェクナーを以下の対談で紹介した。リチャード・シェクナー、山口昌男「パフォーマンスの人類学」『現代思想』7巻4号（一九七九年四月）46〜63頁

12　松井茂『虚像培養芸術論　アートとテレビジョンの想像力』フィルムアート社（二〇二一年三月）221頁

13　筑紫哲也、編集部「世紀末的混乱を楽しめ」『筑波學生新聞』31号（一九八五年一月十日）1面

14　稲垣太郎「朝日ジャーナルは何だったのか　元編集長・筑紫哲也の遺言」『プロジェクト研究』第9号（二〇一四年三月）45頁

15　前述した大竹伸朗は以下の文献に掲載。
大竹伸朗、筑紫哲也「若者たちの神々 17回」『朝日ジャーナル』26巻33号（一九八四年八月三日）47〜51頁

16　註13に同じ。

17　前述した三上晴子は以下の文献に掲載。
三上晴子、筑紫哲也「新人類の旗手たち 18回」『朝日ジャーナル』27巻34号（一九八五年八月十六／二十三日）55〜60頁

18　川崎弘二『武満徹の電子音楽』アルテスパブリッシング（二〇一八年七月）1050頁

19　註12の第3章「戦後日本におけるマスメディア受容と現代芸

術の文化学　高松次郎の場合」、第10章「流通するイメージとメディアの中の風景　今野勉の映像表現」を参照。

20 とんねるずは以下の文献に掲載。とんねるず、筑紫哲也「新人類の旗手たち　22回」『朝日ジャーナル』27巻38号（一九八五年九月二十日）55〜60頁

21 坂本龍一『音楽は自由にする』新潮社（二〇〇九年二月）137〜138頁

22 以下の書籍は、芸術と社会的発言をめぐる、表現に関する名著。東京新聞編集局『坂本龍一×東京新聞　脱原発とメディアを考える』東京新聞出版局（二〇一四年十一月）

23 浅田彰『構造と力』勁草書房（一九八三年九月）6頁。

24 註1に同じ。

25 以下の文献によれば、浅田の来訪は、一九八六年に開催される「日本のアヴァンギャルド1910–1970」展（ポンピドゥー・センター）への協力の依頼が目的だった。この依頼は措いて、黒木は、浅田に坂本との「パフォーマンス」をもちかけたという。黒木靖夫『ウォークマンかく戦えり』筑摩書房（一九九〇年二月）300頁

26 註25、181頁

27 義江邦夫編『TV WAR Booklet』ソニー（一九八五年十二月）9頁

28 註26に同じ。

29 以下の文献を参照。第二特集は「TV進化論」。『GS たのしい知識』5号（一九八七年四月）

30 浅田彰「メディア・アートへの導入　私的なメモ・ランダム」『ｕｒ』1号（一九九〇年一月）26頁

31 浅田彰「『事故の博物館』の舞台裏」『ｕｒ』1号（一九九〇年一月）133頁

32 坂本龍一「ゴダールのことは忘れたことがなかった」『ユリイカ』34巻7号（二〇〇二年五月）129頁

33 坂本龍一「共生は可能か、救済は可能か」『Document LIFE a ryuichi sakamoto opera 1999』朝日新聞社（一九九九年九月）3頁

第二章

作曲家・坂本龍一と武満徹という芸術家像

川崎弘二

はじめに

敗戦後の日本におけるマス・メディアを通じて、いわゆる現代音楽の作曲家が認知度を高めていった代表的な例として「3人の会」というグループが挙げられるだろう。この会のメンバーの芥川也寸志／團伊玖磨／黛敏郎らは、一九五〇年代から雑誌／映画／ラジオ／テレビなどの大衆に向けられた各メディアに登場して、知識人／文化人としての発言力を強めていった。そして、彼らがさらに世間に広く知られるようになったのは一九六四年のことである。芥川はTBSラジオの午後のワイド番組「オーナー」のパーソナリティを週二回ほど務めるようになり、團は「アサヒグラフ」誌において長寿連載となるエッセイ「パイプのけむり」の執筆をスタートさせ、そして、黛はテレビ「題名のない音楽会」の司会を担当するようになる。

武満徹は一九六七年にニューヨーク・フィルハーモニックからの委嘱作「ノヴェンバー・ステップス」によって国際的な評価を得る。ほどなくして同作がアメリカのRCAからレコード盤というメディアを介してリリースされたことにより、さらに武満は内外での知名度を上げていく。一九七一年には武満による著作集「音、沈黙と測りあえるほどに」が新潮社より刊行されており、一九七五年に発行された書籍「岩波講座『文学』」の第一巻には、武満がイェール大学の学生に対して行った講義の草稿が収録されていた。こうして遅くとも一九七〇年代には知識人/文化人として、作曲家=武満徹の存在がクローズ・アップされ始めるようになったわけである。

一九七六年には岩波書店の雑誌「世界」のために行われた座談会をきっかけとして、領域を越えた知識人/文化人たちのグループ「例の会」が組織された。音楽の方面からは武満のほかに一柳慧が参加しており、一九八〇年からは例の会のメンバーによって叢書「文化の現在」が岩波書店より刊行されている。そのほかにも一九七〇年代には現代音楽の作曲家グループによって出版された雑誌「トランソニック」もあり、この雑誌の中心人物であった高橋悠治も活発な言論活動を行っていることで知られていた。高橋も一九七四年に刊行された「ことばをもって音をたちきれ」以降、多くの書籍を上梓することによって音楽の分野以外にも大きな影響を及ぼすこととなる。

一九八〇年代に移るころからの武満は、国際的な活躍をしている日本を代表する芸術家／作曲家として認知されていくようになった。しかし、それとは対照的に一九七八年からの高橋は音楽を専門としないメンバーたちと、アジアの抵抗歌などを演奏する「水牛楽団」を結成して、ミニコミ誌「水牛通信」の発行にも深く関わっていく。その一方で芥川や黛は「N響アワー」や「題名のない音楽会」といったテレビ番組の司会者として、知識人／文化人としての作曲家ではなく、お茶の間に広く浸透するタレントとしても受け止められるようになっていった。

一九八〇年の「日本レコード大賞」において、イエロー・マジック・オーケストラはレコード「ソリッド・ステイト・サヴァイヴァー」によって優秀アルバム賞を受賞する。そのメンバーであった坂本龍一は、一九八二年に哲学者の大森荘蔵との対談「音を視る、時を聴く」や、一九八六年に評論家の吉本隆明との対談「音楽機械論」などを上梓しており、一九八〇年代以降のマス・メディアにおける知識人／文化人としての作曲家としても認知されるようになっていく。そして、坂本は亡くなるまでそうした役割を期待される日本における唯一の作曲家であり続けていたものと思われる。

すなわち、一九五二年生まれの坂本は、芥川や黛がマス・メディアを舞台に活躍していた時代に育ち、一九七〇年に東京芸術大学に入学して作曲を学んでいた時期には武満や高橋らの活動を同時代的に体験しつつ、さらに、一九八〇年代以降は自身が「マス・メディアの中の芸術家」として受容されるようになっていったわけである。そのなかでも坂本が一九七〇年代に武満を批判するビラをコンサート会場で撒いたというエピソードはよく知られており、それは現代音楽における「マス・メディアの中の芸術家像」の変遷を象徴するトピックの一つであるものと筆者は考えている。そこで本稿では筆者が二〇一八年十二月に坂本に対して行ったインタビューを参照しつつ、マス・メディアにおける作曲家という芸術家像の変遷について考察する。

高橋悠治ピアノ・リサイタル

坂本龍一は一九八四年に発表された浅田彰との対談のなかで、現代音楽との出会いについて語っている。坂本は「ぼくの高橋悠治との交流史ということで言うと、小学校五年の時に草月会館での『ニューディレクション』から始まるわけね。彼の独特なあのフェミニンなしぐさはその時から変わってない。はっきり覚えているけれども、ジョン・ケージの曲で、アコースティック・ピアノの弦のなかにボールを放り込んだりするわけ。(略)それでしばらくじっとしていて、突然目覚まし時計がワーンと鳴る。(略)時間がくるとバッとマイクを握って『終わり』とか言っちゃって」[1]と述べている。

また、坂本は二〇〇九年に刊行された自伝的な書籍においても、「小学校4、5年のときに一度、母に連れられて、かなり前衛的なコンサートに行ったことがあります。場所はたしか草月ホール、高橋悠治や一柳慧の音楽を聴きました。（略）そのとき演奏されたのは、たとえば高橋悠治さんがピアノの中に野球のボールをぽんと投げ入れ、するとボールがぽんぽんと転がり音がするというもの。それから、目覚まし時計をピアノの中に入れて鳴らしたり。（略）『へえ、こんなんでもいいんだ！』と思った」[2]とも発言していた。

一柳慧が長年のアメリカ留学から帰国したのは一九六一年八月のことであり、同月に大阪で開催された第四回「現代音楽祭」における第一夜「アメリカの前衛音楽」において、一柳がジョン・ケージやモートン・フェルドマンらの作品を演奏したことから、日本におけるアメリカ実験音楽の本格的な紹介がスタートすることとなる。坂本は一九六一年八月の時点で小学校四年生であり、一柳や高橋も参加していた演奏家集団「ニュー・ディレクション」が結成されたのは一九六三年五月のことである。そして、高橋は一九六三年十月にイアニス・クセナキスに学ぶために渡独していたことから、坂本が高橋の演奏会を聴いたのは一九六一年八月から一九六三年十月までのことと推測される。この時期に高橋と一柳が参加した草月会館ホールでの演奏会には以下のものがある。

一九六一年
10月30日　高橋悠治ピアノ・リサイタル 1
11月30日　一柳慧作品発表会
一九六二年
2月23日　高橋悠治ピアノ・リサイタル 2
5月28日　小林健次＋一柳慧 デュオ・リサタイル
10月24日　ジョン・ケージとD・テュードアのイヴェント
一九六三年
5月26日　演奏家集団 ニュー・ディレクション 第一回演奏会
7月3日　演奏家集団 ニュー・ディレクション 第二回演奏会

このリストと演奏された曲目を坂本に示したところ、一九六二年二月に開催された「高橋悠治ピアノ・リサイタル 2」が自身の聴いた演奏会として最も可能性が高いとのことであった。この演奏会では高橋悠治「エクスタシス」／武満徹「コロナ」／湯浅譲二「ピアノのためのプロジェクション・エセムプラスティク」／イアニス・クセナキス「ヘルマ」といった、少なくとも日本の現代音楽史において重要な作品ばかりが演奏されており、しかも、これらの作品はこの高橋による演奏会が世界初演であった。なお、高橋は一九六一年四月に来日したクセナキスとすでに出会っていたため委嘱が実現した。

坂本は「舞台の上でむちゃくちゃなことをやっていて、ひと繋がりのなにかを演奏し続けていたという印象しかない」[3]と述べてはいるものの、上記の引用文にもあるように高橋のリサイタルは十歳の坂本に強い印象を残している。こうした演奏会を坂本が体験することができたのは、父親が河出書房新社にて純文学系の編集者をしており、「高橋悠治さんは親父の知り合いの知り合い」[4]だったという要因が存在していたからのようである。

とはいえ、このころの週刊誌やグラフ誌といったマス・メディアに、前衛的な現代音楽が奇異なものとしてやや冷笑的に紹介されることは決して珍しいことではなかった。また、演奏会というメディアの舞台となる草月会館ホールの定員は四百名弱ほどであったようだが、二一世紀以降の日本で新しい現代音楽が比較的取り上げられることの多い会場は、数十名ほどが定員であることも珍しくない。メディアを介して届けられる現代音楽との距離は、小学生の坂本が体験できたように現在と比べてかなり近いものだったわけである。

坂本龍一は「中学から高校にかけて、わりとアカデミックな路線の現代音楽をひととおり聴いていった感じですね」[5]と述べており、初めて武満徹の名前を聞いたのは「たぶん高校生のころだと思います。16、7歳のころ。（略）やはり最初はFMなどで聴いたんでしょうね。その後レコードもずいぶん買いました」[6]と発言している。さらに「雑誌の『音楽芸術』は、目を皿のようにして読んでいましたし、『美術手帖』のような美術系の雑誌も読んでいました」[7]とこの時期を振り返っている。

こうした雑誌／レコード／ラジオ放送といったマス・メディアは現在でも生き残ってはいるものの、インターネットを介したフラットな情報とは異なり、編集者やラジオのプロデューサーらによるキュレーション的な作業がより意図的に働いていたことが多く、その結果としてこの時代の「マス・メディアの中の芸術家像」はより強固に構築されていったものと思われる。その点で高校生のころの坂本が「どっちかというと武満さんより三善晃さんのファンで、厳格なコンセルヴァトワールのメチエを学び、それを習得したうえで不協和音を書いているのがかっこいいと思っていた。そして、武満さんはそういうメチエの積み重ねがない人だというふうにも見ていた」[8]という発言は、当時の二人の作曲家のパブリック・イメージを反映しているようにも感じられる。

さらに坂本は「ジョン・ケージの音楽にも出合ってしまった。たぶん高1か高2のころ（略）ケージに興味を持つようになり、現代音楽の情報をあれこれチェックしているうちに、アメリカの現代音楽のコンサートが東京で行われていることを知りました。たしか、アメリカ大使館が主催していたように思います。大きなホールではなく、オフィスビルのような建物の一室で行われる小さな演奏会に、何度か通いました」[9]と述べている。この「アメリカの現代音楽のコンサート」とは、アメリカ文化センターの主催により秋山邦晴／湯浅譲二／ロジャー・レイノルズらがプロデュースした「クロス・トーク」という演奏会のシリーズを指している。このシリーズは一九六七年十一月から翌年三月までの四ヶ月ほどのあいだに公開リハーサルを含んだ討論会を一回／二回の特別演奏会／三回の演奏会を開催していた。以下に「クロス・トーク」全体の開催日程を示す。

一九六七年

11月12日　クロス・トーク1 公開リハーサル／討論会※

11月13日　クロス・トーク1※※

12月31日　クロス・トーク 特別演奏会※
一九六八年
1月22日　クロス・トーク2※※
2月18日　クロス・トーク 特別演奏会2※
3月16日　クロス・トーク3※※
一九六九年
2月5〜7日　クロス・トーク／インターメディア※※※
一九七一年
2月15日　クロストーク5※※
6月7日　クロストーク6 オープン・リハーサル※
6月9日　クロストーク6※※

（会場＝※アメリカ文化センター／※※朝日講堂／※※※国立代々木競技場）

レイノルズはこの演奏会シリーズについて「とくに若い音楽家に刺激をあたえ、議論を通じてその創作活動を励ますようなプログラムを編成[10]」することを目指しており、そのプログラムでは「①演奏中に演奏家が行なう電子装置による音の増幅や変調、②器楽演奏における劇場的要素の利用、③完全に記譜された伝統的楽譜を越えてゲーム的原則によるなどの方向を採用」[11]した作品を選択すると述べていた。すなわち「クロス・トーク」ではライブ・エレクトロニクスやシアター・ピース的な作品などが積極的に取り上げられることとなり、さらに飯村隆彦の映像とアルヴィン・ルシエの音楽によるコラボレーションなども上演されることとなった。

一九六八年三月からの約一年間のブランクを挟み、一九六九年二月には国立代々木競技場において「クロス・トーク／インターメディア」という大規模なメディア・イベントが三日間にわたって開催されることとなった。ここで発表されたほとんどの作品は広義の電子音楽の要素を持つだけでなく、さらに映像や舞踊などの視覚的要素をも含んでおり、上演された全十四作品のうち日本の作曲家が関与した作品は五作品であった。坂本も「クロス・トーク」のシリーズのなかでは、「代々木の体育館で開催されたこのイベントをいちばん鮮明に憶えています」[12]と発言している。

そして、坂本は「クロス・トーク／インターメディア」における作品について、「強烈に印象に残っているのは、大きな体育館の真ん中に人間が立っているパフォーマンスでの光の演出です。体育館の左右にライトが設置してあって、一方から強い光で人間を照らす。ライトがバンッと切り替わって、反対側からの光で人間が照らされる。人間は動かないでただ立っているだけなのに、一瞬にして移動しているように見えるんですよ。目の錯覚ですけれども、ライティングというのはおもしろいことができるものだと思って、いまだに強く憶えていますね」[13]と述べていた。

三日間にわたって開催された「クロス・トーク／インターメディア」において、演奏家を除いたパフォーマーが登場する作品には、ロバート・アシュレー「朝のあのこと」（十三人の俳優やピアニストなどが出演）、デイヴィッド・ローゼンブーム「"She loves me, she loves me not,..."」（打楽器奏者やピアニストのほかに呪術医としてスタン・ヴァンダービーグが出演する予定であったが、上演は中止されたようである）、そして、サルヴァトーレ・マルティラーノ「L's G. A.」（一人の俳優が出演）がある。マルティラーノの作品は「ガス・マスクをつけた俳優が、さまざまなアクションをつづけながら、リンカーンのあの有名な演説をコラージュして語る」[14]というものであり、坂本が強く憶えている作品は「L's G. A.」であったのかもしれない。なお、土方巽「カー・カー・ダンス」にも舞踏家と十名の老婆が登場する予定であったが、トラブルのため土方らの作品はキャンセルされている。

なお「クロス・トーク／インターメディア」においては、日本からの作曲家として一柳慧／グループ・音楽／武満徹／松平頼暁／湯浅譲二が参加しており、第三夜では武満の「怪談」というテープ音楽が、山口勝弘の「オブジェ」と今井直次の「特別照明デザイン」をともなった実験工房のリバイバルのようなかたちで上演されている。秋山邦晴はこちらの作品について、

「会場中央におかれた山口勝弘のアクリル彫刻と、今井直次の照明が、しずかにスペースに溶暗しながら、音とともに呼吸していた[15]」と述べており、武満の作品には派手な視覚的演出は施されていなかったようである。

そして、坂本は「ジョン・ケージですらその当時はそんなにたくさん聴かれていなかったのに、ケージの息子といってもいいような次の世代の音楽がどんどん紹介されるようになってきたので、とてもわくわくしていました[16]」と述べていた。すなわち、約一年後に万国博覧会の開幕を控えた日本においては、武満らが「クロス・トーク／インターメディア」のような大規模なメディア・イベントにも関わる次の世代の日本の作曲家として、マス・メディアを通じたさらに広い方面からの認知度も高めるようになっていったものと考えられる。

ノヴェンバー・ステップスと日本万国博覧会

坂本龍一が高校一年生であった一九六七年十一月には、小澤征爾の指揮／鶴田錦史の琵琶／横山勝也の尺八／ニューヨーク・フィルハーモニックによって武満徹の代表作となる「ノヴェンバー・ステップス」がニューヨークで初演されていた。そして、坂本は「ノヴェンバー・ステップス」が初演されたころの学生運動について、「67年の10月に羽田の闘争で京大生の山崎（註・博昭）さんが死んだころから、全国的にもりあがっていったんですね。その後、68年1月のエンプラとか、その年の10・21の新宿駅。それから、69年1月の18日、19日の東大安田講堂。（略）3年生の秋ころ、新宿高校でストライキをやりました。（略）ローカルな、学校の個別課題に関しての運動でした[17]」と述べている。

上記した引用文の時期には、日本万国博覧会の開催に反対しようとする、いわゆる「反万博」の運動も起こっており、日本の若手から大御所にまで至る広い分野の芸術家たちが、こぞって国家主導のイベントに参加したことに対しての批判が高まっていた。日本の多くの作曲家たちも万博という大規模なメディア・イベントに深く関わることとなり、一九七〇年三月には大阪で日本万国博覧会が開幕する。武満は日本万国博覧会において鉄鋼館というパビリオンのプロデュースと、電力館というパビリオンにおいて上映された恩地日出夫監督の映画「太陽の狩人」の音楽を担当していた。さらに武満は鉄鋼館において、内外から作曲家や演奏家を広く招き、四日間にわたる「ミュージック・トゥデイ」と題した音楽祭をもプロデュースしている。

坂本は一九七〇年四月に東京芸術大学音楽学部の作曲科へと入学しており、一九七〇年の「四・二八の沖縄闘争で新橋のぐしゃぐしゃがあって、六月が安保、九・一五が日比谷公園の全国全共闘、次の一〇・二一はもうこてんぱんに負けたでしょう[18]」と発言していた。坂本は学内の課題として「ヴァイオリン・ソナタ」などの器楽曲を作曲するなどしつつ、大学に入学しても学生運動への参加を継続していたことが分かる。

日本万国博覧会の関連企画のために来日したニューヨーク・フィルハーモニックは、一九七〇年八月三十一日に大阪、九月八日に東京文化会館において小澤征爾の指揮により「ノヴェンバー・ステップス」を上演している。万博のお祭りムードが漂うなかで、大学一年生だった坂本は「武満さんともあろう方が『ジャパネスク』へ回帰した[19]」、あるいは「ジャパネスクを安易に取り入れて、日本人が日本的なモノを……。例えば、芸者の格好をして、アメリカに行ってウケるみたいなこと[20]」をしていると感じていたようである。

一九七〇年十一月十四日の新聞記事には、「ジャーナリスチックな面で、邦楽器による現代曲がブームのような現象をみせているのは、『ノベンバー・ステップス』がニューヨーク・フィルをはじめ、最近ではアムステルダム・コンセルトヘボウ、パリ管弦楽団、ベルリン・フィルといった世界の一流オーケストラで取り上げられたことがなんといっても大きい[21]」と記されている。すなわち、新聞に取り上げられる程度には、この時期に「ノヴェンバー・ステップス」を模倣したかのような現代邦楽曲が次々と発表されていたことが分かる。

坂本もこちらの「ブームのような現象」について、「そのころは邦楽器による演奏集団も結成されていましたが、音楽的には非常に貧困で、つまらないものもあったんですね。視点を変えてみればずっと邦楽でやってきた演奏家たちが、伝統音楽だけをやるのではなく現代の音楽も作っていこうじゃないかという気概に溢れていたとは思うんですけれども、音楽の内容が伴っていないというか、残念ながらそこにはいい作曲家がいなかったということになるんでしょうか[22]」と発言していた。

一九六九年に国立競技場において開催された「クロス・トーク／インターメディア」のあと、二年ほどのインターバルを挟んでナカグロの取れた演奏会「クロストーク」が一九七一年に二回ほど開催されている。一九七一年六月七日には明後日に開催される「クロストーク6」のための「オープン・リハーサル」が開催されており、その様子を捉えた記録写真には最前席に座る坂本の姿が写っている。そして「クロストーク6」においてはテリー・ライリーの「Music with Balls」という映像作品が上映されており、坂本は「テリー・ライリーの映像を見た記憶もあります[23]」と発言していたため、彼がこちらの演奏会を聴いていたことは間違いないものと思われる。

「クロストーク6」では武満「ヴォイス」／高橋悠治「ニキテ」／ゴードン・ムンマ「Medium Size Mograph」／ステラーク「照明と懐中電灯とレーザー光線のための作品」／靉嘔（あいおう）「レインボー・ハプニングNo・12」といった作品も上演されており、坂本は「当時は、ジョン・ケージの次の世代、ケージの子どもたちと呼べるような作曲家たちが出てきたころでした。（略）ミニマルと呼ばれるぐらいですから、彼らの作品には構造らしい構造がなく、変化に乏しい音が、延々と続きます。ベートーヴェンのころから百数十年続いてきた西洋音楽の一つの流れがデッドエンドに来て、今こういうものが生まれているんだ、ということが実感できました[24]」と述べており、ライリーを始めとするミニマル・ミュージックに対しても関心を寄せていたらしきことが分かる。

そして、一九八四年六月に行われた浅田彰との対談において、坂本は「クロストークというイベントがあって、湯浅譲二や悠治がクセナキスの曲を弾いたり、悠治自身の曲を弾いたり、『6つの要素』『クロマモルフ』とかはそこで聴いたんだな[25]。いわゆる現代音楽の一つの極みで、いちばんよかったたですね。武満徹もそんなにクサくなかった時代だった[26]」と述べている。しかし、坂本はこの時期について「できたてほやほやのアメリカの実験音楽をいちばん強い関心を持って聴いていた感じですね。そうした音楽と比べると当時の武満さんや三善さんはすでに古典的な感じで、特に三善さんのようなスタイルは保守的に見えるようになってきた[27]」とも発言していたのである。

すなわち、一九七〇年代に入ってからの坂本は「邦楽器によるジャパネスクを安易に取り入れたこと」、「日本万国博覧会という国家主導のメディア・イベントに武満を含む芸術家が大量に参加したこと」、「武満の『ノヴェンバー・ステップス』の成功によって邦楽器による作曲を追随する作曲家が多く現れたこと」といったさまざまな要因が重なることによって、武満に対する批判を強めるようになっていたものと考えられる。そして、その背後には武満の音楽が「すでに古典的」なものとして、当時の坂本に受け止められていたことが影響していたであろうことは想像に難くない。

武満批判のビラ

高橋悠治は「一九六九年、渋谷の道玄坂で、音楽をこころざす少年にはじめてあった。かれはほとんど口をきかなかった[28]」と述べている。この「音楽をこころざす少年」とは坂本龍一のことであり、坂本も「作曲家で一番尊敬してたのは、高橋悠治だった。親父とコネがあったんで紹介してもらって、ひとりで会いに行ったこともあるんです[29]」、あるいは「大学一年のときに、なんと丸谷才一の紹介で個人的に高橋悠治に会いに行ってさ[30]」と発言していた。

高橋は一九七二年四月に長い海外滞在を切り上げて帰国しており、一九七二年十一月には一柳慧／柴田南雄／高橋悠治／武満徹／林光／松平頼暁／湯浅譲二らと作曲家グループ「トランソニック」を結成している。また「音楽芸術」誌の一九七二年十二月号には、渋谷にあったジャパン・ミュージック・ライフ（ＪＭＬは一九七二年五月に入野義朗を代表取締役として設立）において開催される「ＪＭＬセミナー会員募集」の広告が掲載されており、月曜日の「現代作曲理論」の講師として高橋の名前が記されていた。

一九七三年四月には東京文化会館において「トランソニック シンポジウム 音楽の新しい方向」が開催されており、「音楽芸術」誌の一九七三年五月号には高橋が講師を務める「ＪＭＬセミナー 作曲ワークショップ『グループ・コンポジションへのアプローチ』」の広告が掲載されていた（一九七三年五月七日から開催）。坂本はＪＭＬで開催されるこうした高橋の講座へと参加していたようであり、さらに一九七三年十二月にはトランソニックの同人による現代の音楽を扱う雑誌「トランソニック」が創刊されていた。こうした高橋を中心とする現代音楽の作曲家たちによる運動に対して、大学で作曲を学んでいた坂本も大きな刺激を受けていたであろうことは間違いない。

一九七三年の坂本は、朝比奈尚行の立ち上げた劇団「自動座」が、六本木の自由劇場において六月に開催した公演「楽劇・大晴天」の音楽を担当しており（翌年に開催された「新・大晴天」の音楽も担当）、七月には西荻窪のロフトにおいて開催された「春二番コンサート」にも出演していたようである。そして、一九七三年の坂本は母校である東京都立新宿高等学校が教育実習先となり、九月に開催される同校の学園祭では、管弦楽部のために「グループのためのオーガニック・ミュージック」という作品を提供していたようである。この作品は高橋によるＪＭＬのワークショップ「グループ・コンポジションへのアプローチ」において、坂本が学んだ成果も反映していたものと思われる。

坂本は一九七四年四月に東京芸術大学の大学院へと進学しており、同年六月には劇団「電気亀・団」がアートシアター新宿文化において開催した「走れ!!ブリキ婆ァ!!」（作・演出・美術＝串田和美／音楽＝越部信義）に役者として出演しているようである。そして、竹田賢一は「僕が初めて坂本龍一と会ったとき、彼はクラクラ（註・新宿ゴールデン街のバー）の隅のほうで両肘をカウンターの上に置いて一人で飲んでいた。新子（註・自動座の女優のルビ新子／ひろ新子／あたらしひろ子）はそのころシャンソンを習っていて、シャンソンを歌うコンサートをやりたいので何かアイディアはないか、と僕は相談を受けていた。（略）そのコンサートは74年7月、当時渋谷にあった天井桟敷館で『ヨーグルトはいかが?〜ルビ新子、ブリジット・フォンテーヌを歌う〜』というタイトルのもと実現した。（略）アレンジは坂本で、キーボードとシンセサイザーも坂本が演奏することになった[31]」と述べている。

坂本は「大学があまりに退屈だったこともあって、演劇関係の友人たちと新宿のゴールデン街によく行くようになりました。しばらく通ううちに、ちょっと過激派くずれの、音楽好きの連中と仲良くなりました[32]」と述べている。すなわち、一九七〇年代前半の坂本は、現代音楽の演奏会やワークショップに通うことで高橋のような作曲家とも面識を得て、教育実習を始めとする大学のカリキュラムにも取り組み、演奏家としても活動しつつ、さらに演劇関係者とも密に交流するようになっていたことが分かる。

武満徹は一九七三年五月に西武劇場のオープニング記念公演「今日の音楽 Music Today」をプロデュースしており、この音楽祭は五日間にわたって開催されることとなった。そして、一九七三年九月に東京文化会館において開催された「鶴田錦史 琵琶独奏会」では、小澤征爾の指揮／横山勝也の尺八／新日本フィルハーモニー交響楽団によって「ノヴェンバー・ステップス」が再演されており、さらに「ノヴェンバー・ステップス」と同じ編成による「秋」の初演と三面の琵琶のための「旅」という作品の初演も行われていた。また、一九七三年十月には国立劇場からの委嘱作品として武満による雅楽「秋庭歌」が初演されており、一九七四年六月には第二回の「今日の音楽」が開催されている。すなわち、一九七三年からの武満は西武流通グループという巨大な資本をもとにした、その文化戦略としての音楽祭を主導していただけでなく、「ノヴェンバー・ステップス」以来となる邦楽器のための作品にも取り組んでいたのである。

坂本は「過激派くずれの音楽好きの連中」たちと、「『資本主義に管理された音楽を解放しよう！』とか『中国の人民解放軍にならって、ぼくらも音楽で労働者に奉仕しよう！』とか、そんなことを言いながら飲んでいました。その流れで、『武満徹って、邦楽器なんか使っちゃって、ちょっと右っぽいんじゃない?』『よし、批判しよう』という話になり、ガリ版でビラを作って刷って、武満さんの演奏会の会場まで撒きに行きました[33]」と述べていた。

さらに坂本は、「矢吹誠は元黒テントの音響をやっていて、僕も手伝ったりした仲間だ。二人で武満徹や秋山邦晴を中傷するビラを作って、今はもう無き現代音楽のコンサート会場に撒きに行ったりしたものだ[34]」、「たしか、(註・東京)文化会館でビラを撒いて、また秋山邦晴さんがプロデュースしていた夏の野外イベントでも撒きに行った[35]」、そして「二回目にビラを撒きに行ったのは、野外で開催された秋山邦晴さんの企画によるマルチメディア的なイベントでした。多摩のほうで開催されたような気がするんですけどね。そのイベントではステージに自動車が何台か出てきて、ライトを点けたりクラクションを鳴らしたりするノイジーなパフォーマンスをしていたことを憶えています[36]」などと武満を批判するビラを撒いたことをたびたび振り返っている。

武満や秋山邦晴を批判するビラを坂本と矢吹が撒いた演奏会は長らく不明であったが、筆者の聞き取りにより、坂本らが二度目となるビラを撒いたのは一九七四年八月六日の夕方から翌日の早朝にかけて、軽井沢ミュージックセンターにおいて開催された「ニュー・ミュージック・メディア」というフェスティバルであることが明らかとなった。この音楽祭は現代音楽/ロック／フォーク／フィルムやビデオによる映像作品の上映などから構成されており、三枝成彰がプロデューサー／秋山邦晴と一柳慧らがディレクター／松本俊夫が映像ディレクター／山口勝弘がビデオ・ディレクターを務めていた。

坂本の発言にある「ステージに自動車が何台か出てきて、ライトを点けたりクラクションを鳴らしたりするノイジーなパフォーマンス」とは、松平頼暁の「ザ・ミュージック」という作品のことである。「音楽芸術」誌に掲載された池辺晋一郎と佐藤聰明による対談では、この作品が「初めに三台の車のクラクションで、モールス信号みたいに始まって、ついで花火が上がって、それからコーラス隊が駆け上がるという始まり方をしたわけですけどね。（略）コーラス隊が舞台に上がってから、『これは音楽だろうか』という問いかけを互いにするわけで[37]」という内容のものであったことが記されている。

坂本は「そのときに初めて武満さんと会った。武満さんはビラを持って向こうからやって来て、『これを書いたのは君かね』と言われて立ち話することになったんです。武満さんはずいぶん長く、親切に話に付き合ってくれた。面と向かっちゃうとそんなに批判もできないんだけれども、ぼくは緊張しながら言うべきことは言わなきゃならないと自分を奮い立たせて、ビラに書いてあるようなことを話したと思います。／いまになって考えるとずいぶん的外れなことを批判していたんじゃないかと思いますけれども、そのときはよく分かっていなくて、武満さんは保守的だとかそういうことを言ったんじゃないかな。最後の方になって武満さんが、『ぼくは武満教の教祖であり、唯一の信者なんだよ』と言ったのをとても強く憶えています。でも、武満さんからは全体的にのらりくらりと躱されてしまっていたような気がします」[38]と回想している。

すなわち、当時の音楽の分野で「マス・メディアの中の芸術家像」を体現していた代表的な人物の一人であった武満は、邦楽器を使う右傾化した保守的な作曲家として批判される立場となっていたわけである。その背景には武満が「今日の音楽」という巨大資本による音楽祭をプロデュースしていたこと、そして、秋山が「ニュー・ミュージック・メディア」というフェスティバルのディレクターを務めるという権威的な立場にあったことも関係していたのだろう。後者のフェスティバルにおいても西武百貨店や日本コカ・コーラといった大企業が協賛として名を連ねており、こうした運営方針が坂本らからの批判を生む間接的な原因ともなったものと思われる。

とはいえ、坂本は二〇一八年に行われたインタビューにおいて、「一九六〇年代から七〇年代ごろというのは、ぼくだけでなく日本社会全体に少しでも戦前を思わせるようなものは反動だと決めつける空気がありました。風潮というより、とくに左翼でなくても当時の国民はそういうマインドになっていたんです。当時の日本社会では、その拒否反応というのはまだまだ強かったと思うんですよ。／ですから、武満さんにとって、邦楽器を使うということはそうとうリスキーな行動だったんじゃないかな。でも、いまから思えば武満さんには、そういうつまらないステレオティピカルな観念をぶち壊そうという気持ちもあったと思います。邦楽器を使ったから保守的だなんていう、そんな表層的な批判に屈せず、常に楽器の響きの豊かさや音楽の新しい可能性について考えていらっしゃった方だから」[39]と、当時の自身による行動を批判的に回顧していた。

環螺旋体

一九六〇年生まれの編集者である竹熊健太郎は、「1973年までは1960年代の政治的な熱気をたぶんに残していて、74年頃から急激にクールダウンが始まり、非政治的な、それまでの若者からすれば『しらけた』空気が時代を覆うようになったのです。(略) 1977年以降は、テクノ・ポップや特撮映画・アニメのブームが起こるなど、1980年代のサブカルチャーが出揃って、感覚としてはもう1980年代が始まっていました」[40]と述べている。

こうしたイメージは一般的にも広く認識されているものと思われる。しかし、革命家の外山恒一は「日本の学生運動は72年の連合赤軍事件を境に急速に退潮した、ということが定説のように繰り返し語られる。以後の若者は、時期によってシラケたり浮かれたり絶望したりと色合いの変化はあるにしても、一貫して『政治的無関心』だったということになっている。（略）だが、結論から言うと、連合赤軍事件を境に学生運動は急速に退潮し、その後はシラケでバブルでオタクでサブカルだという歴史認識は間違っており（略）『学生運動』は70年代以降も現在に至るまでずっと存在しており、それはほぼ10年おきのサイクルで高揚してさえいる[41]」と指摘していた。

坂本龍一は一九七四年十一月から十二月にかけて、翌年三月にCBS／ソニーからリリースされる友部正人のアルバム「誰もぼくの絵を描けないだろう」の録音に参加することによって、商業音楽の分野での活動も開始することとなる。そして、坂本は一九七五年四月に東京芸術大学の大学院の二年生となり、同年の四月十八日には西荻窪のロフトにおいて、竹田賢一や土取利行やルビ新子らとともに「音と映像と朗読の儀式空間『君が代』」という「音楽、映像、朗読（一部歌を含む）、講義の四つのユニットが、それぞれ別個に並行して百二十分間進行[42]」するというパフォーマンスを行っていた。坂本による音楽の「ユニット」のなかには毛沢東の「中国革命戦争の戦略問題」や、ファノンの「地に呪われたる者[43]」などからの引用があったようで、朗読の「ユニット」には「日本『国家』を象徴するもの[44]」としての「意味的にまたは音韻的に再構成された『君が代[45]』」が引用されていたという。

すなわち、坂本は日本の学生運動が「クールダウン」しつつあったと捉えられてしまうような時期に、「政治的」な活動への関与をさらに高まらせていたわけである。それは坂本らによる「環螺旋体」という組織の結成と無縁ではないだろう。環螺旋体は「部分や局面においてではなく、音楽にまつわるあらゆる関係、場、存在形態、構造の呪縛や抑圧を新たなる地平へ向けて解放するために、具体的に行為し、行動する有機的な運動体であり（略）我々の活動＝生産が、商品として資本家を肥やすことなしに人々のもとに届くための、生産・流通機構を含んだ運動を展開していく[46]」ための組織であり、一九七五年の初夏にはアジビラを作製していた。

坂本はこのビラに掲載された「『学習団』から友人諸君へ!!」という文章において、「ある音楽が人民自身の財産となるか否かの判定として、さしあたりその音楽のエリート性は基準となる。（略）ある音楽を階級性・民族性ときり離して聴く聴き方（シニフィアンの専制）をマス・メディア・教育等を通して24時間的に流通させている体系を粉砕していくと同時に、我々の聴き方を人民の欲望の側から学びとること（略）そこでは『作品、作者』という類のブルジョアジーの生産した機能は消滅しているだろう[47]」と宣言している。

すなわち、当時の坂本を取り巻く音楽の状況は、マス・メディアを介してそのエリート性を絶えず喧伝している体系によって支配されており、その体系は特権的な立場を保証された作曲家という個人の存在によって強化させられていると考えていたわけである。そして、坂本は環螺旋体について「ぼくは、反武満的な、まあメディア論的な運動体というかな、竹田賢一と今は死んだ間章とで組織を作ったの[48]」と述べており、環螺旋体は「反・武満」としての「運動体」であったことを明かしている。

その一方で、一九七五年六月に発行された高橋悠治らの編集による「トランソニック」誌では「音楽の政治参加」という特集が組まれている。この特集において武満は、「音楽による政治参加は不可能です。音楽がかりに政治的効用をもちうる場合、それは政治そのものであり、音楽ではありません[49]」と主張しており、その直後に武満はトランソニックを脱退していた。つまり、このころの武満は坂本や高橋が傾倒しつつあった「政治」的な運動から、意図的に距離を取ろうとしていたことが分かる。

一九七六年六月に発行された「トランソニック」誌において、坂本は「メディア論的な運動体」という理念について、「無法な音楽の作り変えは音内部の問題に留まらず、無法な音の送られ方、即ちコンサート形式、レコード等の現行の比較的検閲の少ない場での作り変え、例えばコンサートの料金の慣習的設定、地域的設定、時間的設定等の暴露・挑発・攪乱・宣伝を通して受け手の想像力の可能性を受け手自身が解放し組織することができるようなメディアの形成の端緒をつかむこと。人民の代理人になること、而して人民の作風に学ぶこと[50]」が重要であると説明していた。

この発言から、坂本は武満徹という作曲家に象徴される民族性と切り離されたエリート性の強い音楽を否定したうえで、人民に奉仕するための新たなメディアの生成を希求していたことが分かる。なお、二〇一八年に坂本は、「毛沢東主義みたいなことにすごくはまっていて、芸術なんていう自立した美の領域なんてものは許さん、芸術なんていうものは人民に奉仕してこそ存在意義がある、というような非常に過激なことを言っていました。（略）そういう思想に対するアンチとして、武満さんという存在が代名詞になっていたんでしょうね。（略）武満さんといえば、美の小宇宙、自立した美の代名詞のように考えていたんじゃないかな[51]」とこのころの自身について述懐している。

「安全地帯」からの「表現」

一九七六年三月一日には東邦生命ホールにおいて、演奏会「高橋アキの夕べ 6人の若い作曲家のピアノへの捧げもの」が開催されており、坂本龍一のピアノ曲「分散・境界・砂」が初演されている。この演奏会は調律師の原田力男のプロデュースによる第二回目の「プライヴェート・コンサート」であり、原田はこの演奏会シリーズを「日本人の現代音楽の創作（極めて小さい組合せの室内楽）を紹介することを主たる目的に制作しています」[52]と説明していた。すなわち、原田もプライベートなレベルでのメディアを組織して、そこを基盤とした発信に力を注いでいた人物の一人だったわけである。

この演奏会には武満徹も関与していたようで、坂本は後年まで「選曲のオブザーバーに武満さんがいたことも、客席にいらしてたことも」[53]知らなかったと述べていた。そして、この演奏会の直後に、武満と坂本は再び出会うこととなる。坂本は「新宿のバーだったと思います。武満さんの方がぼくを見つけて『あの時の、ビラの君だね』なんて声をかけてくれた。（略）『君の曲を聴いたけど、君は耳がいいね』なんてお褒めの言葉をいただいて、うれしかった」[54]とその出会いを回想している。

しかし、坂本は一九七七年六月に発行された「音楽全書」誌へ「一幕オペラ『ブラック・ミュージックとの出会い』」と題した文章を寄稿しており、武満への批判を「一幕オペラ」というあくまでフィクションという枠組みのなかで展開していた。ここで坂本は「武満のアーク（註・「ピアノとオーケストラのための弧（アーク）」は、一九七七年一月に最終的なバージョンが初演された）だったかな、オーケストラとピアノのコンチェルト的な曲なんだけど、武満によれば、この曲には三種の時間的な層が同時に平行して進行するそうなんだけど、予め重ねられている音群を聴く者にはそんな三種の層は聴きわけられないいんだ」[55]と記している。

こちらの坂本の発言は、近藤譲の「コロナ―武満徹の周辺」という文章を意識しているものと考えられる。近藤は武満の「アーク」という作品について、「時間の多層性――ここでは三つの独立したテンポが重層する。オーケストラのもつふたつのテンポ、そして独奏ピアノのテンポ、――が空間の代りにあらわれる。だがこの空間の時間化が新たな空間を齎すことはない。交錯する響きのなかで、三つのテンポをそれぞれ独立したものとして識別することはできないからだ。それらはいつも混り合ってしまう」[56]と指摘していた。

続いて坂本は「一幕オペラ」にて、「ケージなんかが『表現』を捨てたってことと、武満なんかが『表現』に向かいつつあるってことは同じ土台で見なくちゃいけないし、武満自身判ってやってるんだよ、あれは。で、俺たちは断固としてケージを圧倒的に支持しなくちゃならないのよ。だけどレイシーとかシュトックハウゼンとかカーデューとかクセナキスとかはその先に行っちゃってる訳でさ。武満なんかはさ、先にテリトリーを制限しているところで『毒』とか何とか言ってるんだから、何にも危険でもないし、いつも自分は安全地帯にいるんだよ。(略)あの人のはいつも、何言ってもさ、『仕事音楽』なんだよね。(略)だからそういう意味じゃ、クロスオーバー云々というレヴェルと同じなんだよ。(略)武満の感性ってさ、ユーミンとほとんど同じものを持ってる(略)コピー的、パルコ的、ファッション的。武満がどういう風に時代くの前衛的様式っていうか流行をとり入れて(略)盗んで(略)きたかってことは大分前に高橋悠治氏が『トランソニック』に書いてたね[57]」とあくまで登場人物による発言というかたちで武満への批判を書き連ねている。

武満が「『毒』とか何とか言ってる」という記述は、「音楽現代」誌の一九七五年一月号に掲載された武満と粟津則雄との対談において、まず粟津が「過去に近づこうとする場合、近づこうとすればするほど過去自身から出てくるいろんな毒みたいなものを過去の中からかなり意識的に、自分から進んでしぼり出しているところがあるでしょう。そうしないと過去の実在性というものが自分自身確認できないというふうな思いが共通してあるね[58]」と述べた部分を指しているものと思われる。

武満はこちらの粟津の発言に対して、「全くその通りだな。結局自分でどうしようもないけれど、なるたけ毒気に当たるように自分で何とかいろんな工夫をして毒をしぼり出してという気があるわけです。（略）これは美学の問題ではなくて自分が音楽することでの、いやな言葉ですけれども決意みたいなものです。ところが、われわれの音楽の評論家はまたわりと無自覚で、ぼくが工夫して日本のものからある毒に当たるようにしているんだということについては何もわかってくれないわけ。うまくオーケストレーションできているというようなことを批評する。それがたまらない寂しさなんだな。オーケストラの中で琵琶がよく聴こえたとか、そんなことはどうだっていいんだという気がする[59]」と返答していた。

おそらく武満は「ノヴェンバー・ステップス」のような邦楽器を使用した作品において、花鳥風月のような日本的な要素をオーケストラに導入するのではなく、伝統という「過去自身から出てくる毒」をいかにして露わにしたうえで作曲するかというポイントにも心を砕いていたものと思われる。しかし、武満は一九七五年二月に発売されたレコード「ミニアチュール第五集 武満徹の芸術」の解説において、「調性（トナリティ）をおそれ、それを拒むことによって、いかに多くの音楽が、今日、不毛であることか。また、旋律への意思を抛棄し、曖昧な響きに依存する、明確な言語としての音を喪（うしな）った音楽が、いかに現実性（リアリティ）をかちえないものであるか。作曲家は反省しなければならない」[60]と主張しており、一九七〇年代半ばの武満には調性へと回帰しようとする大きな変革が訪れつつあったことが分かる。

そして「武満の感性はユーミンとほとんど同じ」という発言について、二〇一八年に坂本は「新宿のバーでお目にかかったとき、武満さんがマイクを持ってユーミンを歌っていたんですよ（笑）。こっちもびっくりして。武満さんのポップスじみた曲ってあるじゃないですか。ぼくはあれがあまり好きじゃないんです。ユーミンを歌ったりする人なんだなって、ショックとまではいかないけれども、なるほどなと思うところがあったんです[61]」と振り返っている。こうした武満の作曲上の変化やパーソナリティに触れることにより、坂本にとっての武満という作曲家は「安全地帯」から「表現」に向かおうとしている人物として映ってしまったわけである。

一九七八年二月に坂本はイエロー・マジック・オーケストラ（ＹＭＯ）を結成する。そして、一九七八年八月ごろにファースト・アルバムを録音していたスタジオにおいて、坂本らは北中正和からのインタビューを受けている。北中による「日本人的に自然なリズム感を生み出していく道はないんですか（略）演歌を洗練させていくような方向は不可能なんですか[62]」という質問に対して、坂本は「たぶんあると思うんですよ。西ドイツの現代音楽の若い音楽家たちがそういうことを考えてるようです。日本の音楽は、アメリカとドイツで、いちばん研究が進んでるんです。でも、ぼくらやると、武満徹とか、そういう感じになっちゃいそうで[63]」と回答している。こちらの坂本による批判も、やはり武満が「ノヴェンバー・ステップス」を「邦楽器によるジャパネスクを安易に取り入れた」という批判の延長線上にあったものと考えられるが、その刃は自身にも向かっていることを自覚しつつあったのかもしれない。

一九八〇年代のマス・メディアの中の音楽家像

一九八〇年代に入ると、周知の通り坂本龍一はＹＭＯのメンバーとして圧倒的な知名度を獲得することとなり、一九八二年二月には忌野清志郎とのシングル・レコード「い・け・な・いルージュマジック」が資生堂のキャンペーン・ソングとして発売されて、また、一九八二年三月にはテレビ番組「ザ・マンザイ」に「トリオ・ザ・テクノ」として出演して奇妙な「漫才」を披露している。そして、一九八二年六月二十八日に東京文化会館において開催された「東京混声合唱団 第90回定期演奏会」では、村上龍の性的なイメージを持つテキストを用いた坂本の合唱曲「小説」が初演されており、この演奏会では秋山邦晴の詩も用いた武満の合唱曲「風の馬」が再演されていた。さらに、一九八二年十月には大森荘蔵と坂本の対談「音を視る、時を聴く」も刊行されている。

「現代詩手帖」誌の一九八二年十月号に掲載された谷川俊太郎／武満徹／大岡信による鼎談において、武満は「今のところ幸運なことに毒のあるものは言葉とくっついてるでしょ。言葉に毒があって、その言葉の意味作用が音楽をある程度毒を含んだもののように感じさせているようだけれど、それも何だか鈍化されちゃったの。たとえば坂本竜一（ママ）がやってるようなものはもうほとんど毒がなくなっている。坂本竜一（ママ）みたいな才能のある男が、あんなことをやってるのは不甲斐ない。だからお化粧したりしなきゃならないんだろうけど、実際に彼のやってる音楽はきれいで口あたりがよくて、そこはちょっと問題だね」[64]と批判しており、これらの武満による批判は「い・け・な・いルージュマジック」や「小説」などの活動を指しているものと考えられる。

しかし、一九八三年五月に大島渚の監督／坂本龍一の音楽による映画「戦場のメリークリスマス」が公開されると、武満は「日本においても、メジャーの映画において、いい映画音楽を聞くことは稀です。（略）だが、『戦場のメリークリスマス』の坂本龍一の仕事以外に、高予算のもので優れた映画音楽――つまり、イマジナリーな映画音楽は皆無であったといっても過言ではないでしょう」[65]、あるいは「最近の日本の映画音楽の仕事の中でも突出していると思うな。（略）『戦場のメリークリスマス』は、僕は大変感動してシャッポを脱いだっていうか、よかったなあと思いましたけど」[66]とシンセサイザーが全面的に使用された坂本の音楽を非常に高く評価することとなる。

それまでの武満は、「シンセサイザーなんてものがいまもてはやされて、いろんな音がなんでも合成されるっていうふうな子供っぽい錯覚。（略）このあいだシンセサイザーをやってる人と話をしたら、武満さん、尺八の音を合成するのはじつに難しいんですよ。未だにできないんですって言っていた（笑）。それだったら尺八の音を使ったほうがいい、わざわざ合成することはない」[67]などとシンセサイザーという楽器そのものを否定する発言を続けていた。しかし、一九八四年五月に公開された勅使河原宏監督の映画「アントニー・ガウディー」において、武満はローランドのシンセサイザーによる音の変調を全面的に採用するなど、坂本の活動を明らかに意識していたような素振りを感じることができる。

一九八三年十二月に坂本らはＹＭＯを「散開」させて、一九八四年一月からの坂本は「イン・ポケット」誌において、村上龍とともに吉本隆明／河合雅雄／浅田彰／蓮實重彦／柄谷行人／山口昌男らと対話するというシリーズを開始しており、一九八四年五月には高橋悠治との対談による書籍「長電話」が刊行されていた。さらに「写楽」誌の一九八四年六月号において組まれた坂本の特集では、高橋悠治を中心にしてナムジュン・パイク／イアニス・クセナキス／坂本龍一／高橋鮎生／立花ハジメ／細野晴臣／三上晴子らがその周りを取り囲んでいるという、一九八四年という状況を象徴するかのような篠山紀信の撮影による写真が見開きで掲載されていた。

すなわち、一九八四年には「マス・メディアの中の芸術家」として、坂本は作曲家の領域に留まらず、知識人／文化人としての役割も担うようになっていたことが分かる。一九八四年六月に行われた坂本と浅田彰との対談において、浅田は「高橋悠治について語るときには、その対極的存在としての武満徹に触れざるを得ないと思う。武満徹自身は、日本回帰を厳しく警戒しているし、安易な復古調も認めようとはしない。それでも、現代音楽のフロンティアが解体して、環境音楽のようなものと、ロマンティシズム回帰のようなものが残るという場合、武満徹の最近の作品は基本的にロマンティシズム回帰のほうでしょう。水彩画のマーラーというか、それはそれで非常に美しいもので、一貫した軌跡を描いて落ちていく」[68]と発言している。

浅田の「落ちていく」という発言を受けて、坂本は「YMOが一回目のワールド・ツアーのとき、『フィガロ』がYMOのコンサートの批評をして、『われわれが期待するよりかは日本的でなかった。そしてわれわれが持っているロックほどはロックしていなかった』と非難されたわけだけれども。武満徹のやり方というのは、言ってみればその『フィガロ』の批評が言おうとした日本、ヨーロッパ人つまり西洋人が期待する日本人の姿なわけ。時代とともに歩むことを拒んで、もう像としてあるものを守るという方法だな。（略）和服が似合う、華奢な感じで、どこかET的で、それで非常に耽美的な音楽を書く。だから、自分と作品とのスタンスのとり方は常に一定で、仕事のやり方と書く音楽はものすごく一致してきてしまうし、単純には変えられない[69]」と返答していた。

さらに一九八五年六月に行われた吉本隆明との対談でも、坂本は「武満徹さんというのは信時（註・潔）さんに教わったんですね。弟子だった（?）んじゃないかしら、その大先生の。（略）だからかどうか、よくわかりませんけど、そのニヒルさみたいなのが、武満さんの音楽のなかにあるような気がしますけどね。そういう独特のなんですか、距離ですか、日本的なもので[70]」という見解を述べている。武満が信時の弟子だったという発言は事実誤認であるが、太平洋戦争を象徴する「海ゆかば」の作曲者を引き合いに出してまで、「西洋人が期待する日本人の姿」を体現する存在として武満への批判を加えようとしていたことが分かる。

そして、先に引用した対談の続きにおいて、浅田が西洋人による「期待の地平ができちゃって、それに合わせてしまう[71]」と述べると、坂本は「それをまさにやっているのが武満徹で、そうじゃないのが高橋悠治だ[72]」と主張している。また、高橋が一九八三年六月に発表した「きみ（註・高橋自身のこと）と坂本は一九六〇年から八〇年までの二〇年間のどこかですれちがったはずだ。いまは反対側にいて遠ざかっていく[73]」という文章に言及したうえで、坂本は「二人は一種の二項対立なんだ、二項対立だけれども、いわゆる武満徹と比較した二項対立という意味ではなくて（略）裏腹になった一つのものですからね[74]」と発言しており、武満徹という作曲家は「手作業のマニュファクチュアというか、ほとんど芸の集積でしょう。その意味では職人だからね。（略）いってみればラヴェル的なんだ[75]」と指摘していた。

なお、浅田はこちらの坂本との対談を行った直後に、「ドリブ」誌のため武満との対談も行っていた。浅田は「いま、一方で環境音楽というのか、よくも悪くも水みたいなシャブシャブの音楽があって、どんどん拡散していく。他方で、芸術音楽と言われている部分を見ると、特にここ数年、ポスト・モダンと呼ぶかどうかは別として、ロマンティシズムへの回帰の傾向がすごく強まっていて、一種、濃厚な脂っこい料理みたいな感じで煮つまりつつある。武満さんはその真ん中辺でうまくバランスを取っていらっしゃる[76]」という発言から対談をスタートさせている。

すなわち、坂本による武満徹への批判は、「邦楽器によるジャパネスクを安易に取り入れたこと」から、環螺旋体のころの「民族性と切り離されたエリート性の強い音楽を象徴した作曲家であること」も含むようになり、さらに西武セゾングループといった巨大な資本と結びつくなどして「今日の音楽」のような音楽祭を開催するようになったにもかかわらず、「時代の流行に乗り、ロマンティックな表現へと向かっていること」にも及んでいくなど、次第にその批判の対象とする範囲は拡大していったことが分かる。

音楽の力

一九九一年十月十日から十三日にかけて、ロンドンのバービカン・センターでは特集「ザ・タケミツ・シグネチュア」が組まれており、最終日には二台のピアノとオーケストラのための「夢の引用」という作品が初演されたほかに、武満が音楽を手がけた映画の上映なども行われていた。この特集のために武満はロンドンを訪れており、坂本は「デヴィッド（註・シルヴィアン）から電話があって『明日タケミツと会うんだけど、一緒に会わない？』と言われた。ぼくはびっくりして、もちろん会うと答え、3人でランチをすることになりました」[77]と述べている。

一九七六年に新宿のバーで出会って以来の邂逅に対して、坂本は「小津安二郎の映画の話をしたのはよく憶えています。(略)小津の映画の音楽があまりにも凡庸だから(笑)、二人で作り直しをしようって。小津の映像はバウハウスのモホリ＝ナジに匹敵するようなすばらしいものなのに、音楽はそれにまったく釣り合っていないじゃないか、おかしい、それなら二人で作り直そう、って盛り上がったわけだけれども、シルヴィアンもいるわけなので、世代やいろいろな垣根を超えて三人でもなにかをやろうということでも盛り上がったわけですね[78]」と発言している。

一九九二年二月に行われた武満とシルヴィアンの対談において、武満は「まだ発表したことがないんだけど、以前からテープのための変なものをずいぶんつくっているんです。あなたともびっくりしているんです。ぼくのそのテープについては、この前もデヴィッドに話したんだ(註・ラッセル)ミルズのインスタレーションを見ると、あんまり似ているんで、実はぼくはとてけど、聴かせる聴かせると言いながら未だ送ってもいなかった。躊躇していた。六〇歳にもなった老人が、まだ青年をちょっと過ぎたばかりの人と一緒に何か新しい試みをやろうというのも、あまり健康なことではないんじゃないかという気もしていたから。でも今回、ぼくらのフィールドは同じところにあると思って、ぜひ将来何か一緒に共同で創ってみたいと思いました[79]」と告白している。

この発言から、武満が坂本らと共同して実現したかったのは、エレクトロニクスを援用した創作であったのかもしれない。しかし、坂本は「それからすぐに武満さんの側からこれをやらないかということで連絡があったのが、あまり好きではない武満さんのポップ・ソングの仕事だったんですよ。／武満さんは石川セリさんと仲がよかったですよね。セリさんが歌っている武満さんのポップ・ソングのアルバムがあるでしょ。あのアルバムでぼくにもアレンジをしてほしいという依頼だったんです。ぼくが忙しかったこともあり、武満さんとコラボレーションするならポップ・ソングじゃないだろうという気持ちもあり、結局はポピュラー・ミュージックの人に見られているのか、というがっかりした気持ちもあり、そして、実験的なことをシルヴィアンも入れてやりたいという強い気持ちもあった。だからうだうだ言っていて、結局やんなかった[80]」と述べているのである。

すなわち、一九九〇年代前半には日本を代表するマス・メディアの中の音楽家像を体現する二人の作曲家が、共同で作品を作ろうとする機運が高まっていたことが分かる。しかし、一九九六年二月に武満は六十五歳で逝去してしまい、この計画は実現することはなかった。二〇一八年に坂本は、小津安二郎の映画の音楽を再制作するというアイディアに対して、「今はそれで良かったと思っています。小津作品の音楽は綿密に計算され、意識的に伝統に沿ったようにできているのだと思います[81]」と結論づけていた。

そして、坂本による武満に対しての評価は、一九九九年九月に初演されたオペラ「ＬＩＦＥ」を機に大きく変わることとなる。坂本は「ＬＩＦＥ」の作曲中に、「最近、武満さんのものをまとめて聴いて、見直したな。／他の20世紀の巨人たちの音楽もたくさん聴いたんだけど、それらの巨人と比べて全然ひけをとらないどころか、音楽が発しているものは、とても大きいよ[82]」と発言していた。さらに坂本は「僕は初めて『ＬＩＦＥ』というオペラもどきを書いたんです。その中に、自分が育ってきた20世紀の音楽を、検証するという問題設定があって、たくさん聴きなおしたんです。（略）そうすると武満徹の音楽というのは、圧倒的にその音楽の力が強いと思う[83]」と述べていたのである。

二〇〇二年八月に「武満徹全集」のために行われた坂本と谷川俊太郎との対談では、「日本人の作曲家っていうのは、生まれながらにして日本語を喋っていないわけです。音楽的には輸入された言語を用いていて、そうとは知らずに外国語を喋っているんですね。楽譜についてもね。純粋音楽に限らず、ポップスやロックやヒップホップでも、輸入された言語で喋っているんだってことを、みんな知らないで過ぎてしまうわけだけれども、どこかでそれに気付くはずなんです。そのときにどうするかということは、個々のミュージシャンで違うんですが、一度は出会ったり対決したりする。『ノヴェンバー・ステップス』は武満さんにとって、そういう出会いの時期だったし、その後、邦楽とのつきあい方も変化していますよね。だから今から思うと、ジャパネスクなどと簡単に言える問題ではなかった[84]」と過去の自身の行動を批判的に振り返ることとなる。

一九六七年に「ノヴェンバー・ステップス」がニューヨークで初演されてから、日本を代表する国際的な作曲家といえば武満徹の名前が挙がるようになり、一九八八年四月に坂本が日本人初のアカデミー作曲賞を映画「ラストエンペラー」によって受賞してからは、そこに坂本の名前が加わるようになる。両者の直接的な関わりはさほど深いものではなかったのかもしれないが、若き坂本は「マス・メディアの中の芸術家」としての立場を確立していた武満に対しての批判を繰り返し、やがて自身が「マス・メディアの中の芸術家」の役割を果たしていくようになった。それは「日本を代表する国際的な作曲家」として自立するために「マス・メディア」という存在が必要だったということを示しているのではなく、「マス・メディアの中の芸術家」としても捉えられる存在であったことこそが、彼らが国際的なポピュラリティを獲得するに至る力の一つとして機能していたのではないだろうか。

註

1 浅田彰、坂本龍一「Dialogue」『水牛楽団 休業』本本堂（一九八四年十月）22〜23頁
2 坂本龍一『音楽は自由にする』新潮社（二〇〇九年二月）70〜71頁
3 本書130頁
4 坂本龍一「設置音楽」『ブルータス』38巻7号（二〇一七年四月十五日）付録8頁
5 註2、71頁
6 坂本龍一、谷川俊太郎「武満さんの音楽は100年たっても残ると思う」『武満徹全集 第3巻』小学館（二〇〇三年四月）234頁
7 本書134頁
8 本書130〜131頁
9 註2、72頁
10 ロジャー・レイノルズ、上林澄雄訳「『クロストーク』音楽会」『音楽芸術』25巻10号（一九六七年十月）55頁
11 註10に同じ。
12 本書133頁
13 本書133頁
14 秋山邦晴「クロス・トーク インターメディア」『美術手帖』311号（一九六九年四月）115頁
15 註14、109頁
16 本書133〜134頁
17 註2、63〜64頁
18 坂本龍一『Seldom-Illegal』角川書店（一九八九年十月）131頁
19 註6に同じ。
20 坂本龍一、大谷能生「ミスチルを目指して終わるな 坂本龍一かく語りき」（二〇〇九年三月九日）http://ascii.jp/elem/000/000/218/218272/index-2.html（二〇二三年五月一日アクセス）
21 無記名「ブーム？ 邦楽器を使った現代音楽」『讀賣新聞 夕刊』（一九七〇年十一月十四日）7面
22 本書137頁
23 本書133頁
24 註2、73頁
25 一九六七年十一月十三日に開催された第一回の「クロス・トーク」で「クロマモルフー」は上演されており、一九六八年六月五日に開催された「オーケストラル・スペース'68」で「6つの要素」は上演されていた。
26 註1、24〜25頁
27 本書133頁
28 高橋悠治「坂本龍一ときみがすれちがったメビウス空間の裏側にはなにがあったか」『Goût』1号（一九八三年六月）123頁
29 山下邦彦編著『坂本龍一・音楽史』太田出版（一九九三年七月）74頁
30 註1、25頁

31 竹田賢一「（無題）」CD『土取利行、坂本龍一／ディスアポイントメント・ハテルマ』解説　キングレコード（二〇〇五年三月）5頁
32 註2、83頁
33 註2、84頁
34 坂本龍一「音楽時評」『水牛通信』80号（一九八六年三月）28頁
35 註6、234〜235頁
36 本書136頁
37 池辺晋一郎、佐藤聰明「60年代インターメディアを乗り越えず」『音楽芸術』（一九七四年十月）33頁
38 本書136頁
39 本書137〜138頁
40 竹熊健太郎『フリーランス、40歳の壁』ダイヤモンド社（二〇一八年四月）224頁
41 外山恒一『全共闘以後』イースト・プレス（二〇一八年九月）8〜9頁
42 竹田賢一『地表に蠢く音楽ども』月曜社（二〇一三年七月）101頁
43 フランツ・ファノン、鈴木道彦／浦野衣子訳『地に呪われたる者』みすず書房（一九六九年十一月）
44 註42、105頁
45 註42に同じ。
46 間章、小島幸雄、竹田賢一、坂本龍一、須藤力「『環螺旋体』設営アピール」ビラ『（環螺旋体）』（一九七五年）
47 註46に同じ。
48 註1、27頁
49 武満徹「（無題）」『トランソニック』6号（一九七五年六月）27頁
50 坂本龍一「反権力の音楽生産 環螺旋体設営？」『トランソニック』10号（一九七六年六月）102〜103頁81「坂本龍一、ベルリン映画祭でパフォーマンス披露　ベンダースとは小津安二郎語る」（二〇一八年二月二十七日）https://eiga.com/news/20180227/17/（二〇二三年五月一日アクセス）
51 本書138〜139頁
52 原田力男「プライヴェート・コンサートの現在　音楽学生MMさんへの『繰り言』めいた手紙」『音楽芸術』36巻11号（一九七八年十一月）64頁
53 CD『坂本龍一／Year Book 1971-1979』解説　エイベックス・ミュージック・クリエイティヴ（二〇一六年一月）18頁
54 註2、84頁
55 坂本龍一「一幕オペラ ブラック・ミュージックとの出会い」『音楽全書』4号（一九七七年六月）158頁
56 近藤譲「コロナ 武満徹の周辺」『ユリイカ』7巻1号（一九七五年一月）81〜82頁
57 註55、160頁
58 粟津則雄、武満徹「音と言葉の間」『音楽現代』5巻1号（一九七五年一月）57頁
59 註58に同じ。
60 武満徹「（無題）」レコード『ミニアチュール第五集 武満徹の芸術』解説　ポリドール（一九七五年二月）
61 本書140頁

62 イエロー・マジック・オーケストラ、北中正和「機械がうたう明日(?)の歌」『ニューミュージック・マガジン』10巻11号(一九七八年十月)64頁

63 註62に同じ。

64 谷川俊太郎、武満徹、大岡信「言葉の生きる場所・生まれる場所」『現代詩手帖』25巻10号(一九八二年十月)66頁

65 武満徹「カタルーニャ民謡の素朴な力を」『アントニー・ガウディー』勅使河原プロダクション(一九八四年九月)10頁

66 秋山邦晴『シネ・ミュージック講座』フィルムアート社(一九八八年十二月)182頁

67 武満徹、原広司「音楽・建築・現在」『カイエ』1巻2号(一九七八年八月)154頁

68 註1、8頁

69 註1、10〜11頁

70 吉本隆明、坂本龍一『音楽機械論』トレヴィル(一九八六年一月)169頁

71 註1、12頁

72 註1、12頁

73 註27に同じ。

74 註1、32頁

75 註1、62〜63頁

76 武満徹、浅田彰「音楽を時には主体的に聴くことも必要だ」『ドリブ』3巻10号(一九八四年九月)109頁

77 註2、85頁

78 本書143〜144頁

79 デイヴィッド・シルヴィアン、武満徹「音楽のカテゴライズに逆らって」『へるめす』37号(一九九二年五月)11頁

80 本書144頁

81 「坂本龍一、ベルリン映画祭でパフォーマンス披露　ベンダースとは小津安二郎語る」(二〇一八年二月二十七日)https://eiga.com/news/20180227/17/(二〇二三年五月一日アクセス)

82 CD『愛の悪魔 オリジナル・サウンドトラック』解説　Flavour of Sound(一九九九年四月)8頁

83 註6、242頁

84 註6、236〜237頁

第三章

「一九八四／八五年のメディア・パフォーマンス」のための質問状

川崎弘二

この質問状は第五章に収録した坂本龍一氏へのインタビューのために用意されたものです。

本本堂

坂本さんは「イン・ポケット」誌の一九八四年一月号に掲載された村上龍氏との対談において、「来年からは自分のペースで仕事をしたい」[1]とご発言されています。つまり、一九八三年の末ごろの坂本さんは、ご自身のお仕事のありかたを大きく変化させたいと考えておられたようです。

一九八四年十一月に発売された書籍「本本堂未刊行図書目録」に掲載されたご略歴では、「YMO散開（1983）後、出版社本本堂を起し（1984）[2]」と記されていますが、一九八三年六月に発売されたカセット・ブック「アヴェク・ピアノ」の奥付では、すでに「編集協力」として「(株)本本堂」というクレジットがあります。すなわち、遅くとも「アヴェク・ピアノ」の製作が完了するまでの時点で、「本本堂」は存在していたことが分かります。日本でカセット・ブックが本格的にブームになるのは約一年後の一九八四年半ばのことのようですが、カセット・ブックというメディアを「アヴェク・ピアノ」で採用されたのは坂本さんのご意向だったのでしょうか。

一九八四年九月十日に行われた浅田彰氏との対談では、浅田氏が書籍について「事実上完全なランダム・アクセスをゆるしており、しかもそれを割と小回りのきく形でポロポロだせて、お互いの横のつながりも付きやすいという点で、本というのは非常にすぐれたメディアですね[3]」と発言しており、坂本さんも「だから今こういうポスト・モダンといわれる情況になって、もう一度わかりだしたという気がする。本のおもしろさっていうのはそういうところにあるんじゃないかと思う[4]」と返答されています。

一九八四年五月ごろに行われたと思われるインタビューでは、本本堂について「子ども時代から、編集者だった父親を見ていて、著者と編集者の関係に興味があったんです。（略）音楽もそうなんだけど、なんでも自分でやってみないと気が済まないタチなんですね。企画のこと、デザインのこと、広告のことなど、とにかくすべてにかかわっていきたかった、ってのが本音。（略）ところで、この出版社の名前だが、『本本堂』と言う。糸井重里氏のネーミング。坂本さん自身、田舎のクスリ屋さん――ほら、なんでも置いてある、その土地の文化の担い手って感じのお店があるでしょ――みたいなイメージで良いなぁ、と大満足[5]」とその設立の経緯についてご説明されています。

ただ、一九八四年末の時点では「いろんな出版社から本作りましょうってくるわけじゃない。大体はそれはさ、雑誌に出ている対談を集めて、対談集出しましょうとか、エッセイ集出しましょうとか。そういうの全然作りたくないのね。本なんて作りたいと思ってないから。ただ、レコードと同じ様に自分のものを出すんだったら自分のメディアを作っちゃおうという発想で始めたんだけれど、いざ作ってみたら自分のものなんか出す気は無いんだよね[6]」とおっしゃっておられます。

そして、一九八四年十一月に公開されたインタビューにおいて、「本本堂も本を作ること自体よりもね、それをどうやって発売するとか、そのプロセス全体が、まー、流行りの言葉で言えば、メディア・パフォーマンスというかさ、そういうイメージが強かったんですね[7]」とご発言されています。すなわち、当時の坂本さんには、①出版に対する関心／②自分のメディアを作る／③メディア・パフォーマンスの場を作るといったご興味があったものと思われます。当時のマス・メディアの報道などに対してもご不満があったものと推察されますが、本本堂はご自身でコントロールできる書籍メディアを作るということが大きな目的だったのでしょうか。

「本本堂未刊行図書目録」では、浅田氏が「坂本さんは某出版社の役員である[8]」と述べておられます。これは本本堂のことを指しているのでしょうか。先の質問とも重複いたしますが、「本本堂」はどういったメンバーによって、どのような経緯で設立されて、坂本さんはどのようなかたちで関与されていたのでしょうか。本本堂から発行された坂本さんのデザインによる書籍型のノートブック「ブランシェ」のチラシにおいて、坂本さんは「本本堂編集長」と記されており、「本本堂は実質的に僕が編集長みたいな感じです。本を作るのって、過程が凄く面白いんですよね[9]」と発言されています。ただ、本本堂からの出版物には、基本的に坂本さんのお母様が「発行者」としてクレジットされています。

一九八三年十二月十三日に日本武道館、十二月十九日には福岡国際センターにおいてYMOの散開ツアーのコンサートが行われており、その間の一九八三年十二月十五日から十七日にかけては石垣島において、高橋悠治氏と書籍「長電話」のための対談を行っておられます。そして、一九八四年三月十七日の坂本さんの日記には「三時、六本木クローバー。本本堂のことで義江（註・邦夫）氏、秋山（註・晃男）氏と打合わせ。本のタイトルを『長電話』に決定[10]」とあります。本本堂の出版において義江邦夫氏の関与は大きかったのでしょうか。

一九八四年五月には「長電話」が出版されています。このころに行われたナムジュン・パイク氏との対談では、「電話の会話でまとめた内容自体も一つのパフォーマンスとしてやったつもりなんです[11]」と発言しておられます。そして、坂本さんは「長電話」の見返しの部分に「幾多の困難を乗り越えてやっと発刊の運びとなりました。長時間お付き合い頂きありがとうございました。今までの悠治さんの関わった本の中で『一番！』ではないかと自負しております[12]」と述べておられます。この語り口からすると「長電話」は坂本さんの発案による書籍であるものと考えられます。本本堂からの最初の出版物として、夾雑物の多い「雑談」（のように見えるスタイル）をノーカットで高橋氏と行われたのは、どのような背景があったからなのでしょうか。

講談社から発行された「イン・ポケット」誌の一九八四年一月号から一九八五年一月号にかけて、のちに書籍「EV. Café」としてまとめられる吉本隆明／河合雅雄／浅田彰／柄谷行人／蓮實重彥／山口昌男氏らとの鼎談を村上龍氏と行っておられます。発売された書籍には企画・編集として本本堂のクレジットがあることから、この鼎談シリーズの企画に関しては坂本さんからの発案も大きかったのでしょうか。

一九八四年六月十三日には「霞町、ディックスで浅田氏、義江氏と打合わせ。水牛楽団のカセット・ブックを本本堂がつくる」[13]ことが決まり、一九八四年十月には水牛楽団のカセット・ブック「休業」が浅田氏と坂本さんの編集によって刊行されています。このころ坂本さんは、高橋氏へのご関心を「これからの高橋悠治っておもしろくなりますよ。（略）この間のニュー・アカデミズム・ブームで出てきた現代思想の問題っていうのかな、それはもちろん言語学の問題でもあるけど、数学と音楽の問題でもあるんじゃないか。それを、ずっとやっているのが高橋悠治。日本ではかれくらいしかやってない。／それから、政治と音楽の問題もやってるわけ。みんな避けて通るとこだけど、それを非常にバカにされながらも気マジメに追究してるところもおもしろいし。なにより、ものすごい音楽家なんですよ」[14]と語っておられます。

高橋氏は「長電話」において、水牛楽団は「上手くなりつつあんだよね。で、これは危ないという気がしてきた、そろそろ」[15]と発言されています。実際「休業」が出版されてから半年ほどして、水牛楽団は完全に活動を停止しています。坂本さんは「休業」の編集について「かなりやりました。いちおう編集長なもんで」[16]と述べておられます。「休業」の出版は、ほぼ解散状態に近くなっていた水牛楽団における高橋氏らの活動を、まとめておこうという意味合いが強かったのでしょうか。

一九八四年十一月には「本本堂未刊行図書目録」が出版されています。こちらの書籍では十人のアーティストやデザイナー（井上嗣也／赤瀬川原平／安西水丸／細野晴臣／浅葉克己／沼田元氣／高松次郎／奥村靫正／日比野克彦／菊地信義）に対して「未刊行の図書」のための装幀が依頼されています。デザイナーの人選と書物の選択は、どのようなプロセスで行われたのでしょうか。少なくとも高松次郎氏とはお目にかからなかったそうですが、坂本さんはどなたにご依頼されたのでしょうか。

「写楽」誌の一九八四年九月号には篠山紀信氏の撮影により、坂本さんとさまざまな方々との写真が掲載されています。そして「ブルータス」誌の一九八四年十一月十五日号には、小黒一三氏の編集による特集「南米通信」が組まれており、坂本さんは一九八四年八月十日から二十一にかけてブラジルへの取材に行かれています。こうした企画は編集サイドからの要請によるもので、坂本さんの出版に関わる主体的な活動を反映させていたというわけではなかったのでしょうか。

一九八五年四月には書籍版の「音楽図鑑――エピキュリアン・スクールのための」が発行されています。こちらの本は最後に掲載された坂本さんによる曲目解説以外、寄稿された文章を通読することはかなり困難です。一九八五年三月十二日に放送されたラジオ「サウンドストリート」において、坂本さんは「奥村靫正氏ががんばりすぎて過激な本でひやひやした」という意味の発言を行っておられたようですが、テキストもデザインの一部となってしまうような本のありかたには、坂本さんのご意向も反映していたのでしょうか。

「本本堂未刊行図書目録」の各書籍の解説において、書籍版の「音楽図鑑」は「一曲一曲がホログラフィックな多面体で、複数の自己が交錯する多次元空間を構成している。音の祖形を示す楽符、フェアライトによる音形の分解と集積、坂本龍一という一つの脳髄から発する放射状のパルスが音楽とビジュアルとの相互通によって形造られるプロセスがフラグメントの集積として散りばめられている」[17]と記されています。こちらの書籍版の「音楽図鑑」のイメージも坂本さんによるものなのでしょうか。

その後の「本本堂」の活動として、一九八五年十二月に発行された「ＴＶＷＡＲ」のパンフレット／一九八五年十二月のデヴィッド・シルヴィアン「写真日記」／一九八六年一月の「音楽機械論」の編集協力／一九八六年四月の「メディア・バーン・ツアー」のプログラムの編集／一九八六年四月の「未来派２００９」／一九八七年二月の玖保キリコ「キリコのコリクツ」／一九八八年四月の写真集「ラストエンペラー」／一九九四年三月の後藤繁雄「１９９０年のウェイステッドランド」に封入された「本本堂通信」などがあります。

書籍版の「音楽図鑑」以降、坂本さんは主体的に書籍の出版に関わっておられないような印象があります。坂本さんが本本堂での出版に特に力を注いでおられたのは、一九八三年から一九八五年までの期間ということになるのでしょうか。映画のお仕事などでさらに多忙となられたため、書籍の編集に時間を割くことができなくなったというような要因も関係していましたでしょうか。

パフォーマンス

一九八三年六月に発売された「アヴェク・ピアノ」のブックレットのなかで、坂本さんは「パフォーマンス」について、「今回、ピアノを弾いててパフォーマンスということを感じた。どうせなら弾いてるところをヴィデオに撮って、そうすれば視覚的に弾いてる運動を皆が眼で見えるから、かなり楽しめると思うんだけど[18]」と発言しておられます。

一九八三年十二月に行われた「長電話」での対話においても、坂本さんは「なんかやっぱりヴィジュアルなものと一緒にやりたいっていう気持ちあるなあ。ぼくがピアノ・ソロだけでもいいいんだけど、たとえばピアノのまわりをうろうろダンサーがね、一人いるとかね、なんかスライドがあるとかね。で別にそれは、やってる音楽に直接、逐一関係ある必要ないんだけど、なんかそういうものがあった方がいい感じだなあ[19]」とご発言されています。すなわち、坂本さんは一九八三年ごろから映像やダンスなどとのコラボレーションに対しての興味を高めておられたものと推察されます。

一九八四年四月二十八日から五月一日にかけてラフォーレミュージアム飯倉８００ではモリッサ・フェンレイの「ヘミスフィアズ」が上演されており、こちらの舞台を四月二十九日にピーター・バラカン氏と鑑賞された坂本さんは、「すごくエネルギッシュでしかもちゃんとしたオーソドックスなダンスなんだ。つまり、本物のポスト・モダンであるわけ。もっとミックスド・メディア・パフォーマンス的なものを予想してたからね[20]」とご感想を述べておられます。しかし、一九八四年五月一日の日記では「音響（註・音響ハウスというスタジオ）、ソロ、録音。モリサがスタジオに来る。来年のパフォーマンスの為に音楽を作る事を頼まれる。即答できない[21]」と述べておられます。

その一方で、一九八四年五月九日に「パルコにロケハン[22]」をされて、坂本さんは五月十六日に三百七十一枚の「長電話」の表紙を、七時間かけて壁に貼るという「ザ・グレイ・ウォール」と題したパフォーマンスを行っておられます。坂本さんは日記において「朝6時、パルコの3m四方の壁に『長電話』の表紙、裏表紙を貼り始める。カメラマンの三浦憲治、デザイナーの奥村さん、本々堂の義江さん、アシスタントの富永君等。途中、休んだり、ＡＫＫＯの作った弁当を食べたりして、完成したのは12時過ぎ。雨が降り出した。１時間ぐらいのヴィデオにするつもり[23]」と述べておられます。

坂本さんは「ザ・グレイ・ウォール」の実施にあたり、「てもちの『自己』でもって何かを構築しようとするのでなく予期せぬイヴェントを『自己』に出会わせるmediaとしての/本をつくりそれを変型し別な用途に使う。本をつくりそれを変形する――切り取る 貼る/夢の知覚、聴覚映像としてのスライド 夢の文節構造の模写としてのスライド/思いつきを陳列する 思いつきで陳列する 思考を放置する[24]」などといったメモを書かれていたようです。

そして、坂本さんは「ザ・グレイ・ウォール」について、「活字としての内容よりもむしろ『本』というオブジェをつくりだしたかったということと、その本の表紙を破いてこの壁に貼るという行為の方が僕としてのテーマだったんです。壁自体がメディアとしての本であるっていうような、このパフォーマンス自体も一つの出版だというか[25]」、あるいは「むしろ、あれがやりたくて、本を作ったという……。(略)装幀への興味が貼るという方向に直接繋がっちゃったわけね。あれは、何なんだろうな。パフォーマンスとか言っても、六〇年代は全然越えていないわけだしね。(略)六〇年代のそれとちがうのは、ハプニングにしても必ず暴力とか血とか何かに対するアンチだったのね。非常に似たような形態でやっているんだけど、八四年以降のパフォーマンスっていうのは、何かのアンチではないわけです[26]」とご説明されています。

また、ノートブック「ブランシェ」についても、「白い紙を埋め尽くしてゆく愉しみは、パフォーマンスする快感に通じている[27]」と発言しておられます。なお「宝島」誌の一九八四年一月号では、「大量発生のミニFM局は、どこも大味だが、古典的メディア、ミニコミはなかなか元気だ[28]」と記されており、「水牛通信」を例に出すまでもなく、このころはマス・メディアと対照的なミニ・メディアを持つことが人々の興味を集めていたものと思われます。しかし、坂本さんの興味はミニ・メディアを持つようなことではなく、書籍というメディアを駆使した「パフォーマンス」を行うことに対して、より強いご関心があったということになりますでしょうか。

一九八四年六月十八日にピテカントロプス・エレクトスにおいて開催された「パイクの『タイム・コラージュ』出版記念パーティ」に、ナムジュン・パイク／高橋鮎生／高橋悠治／立花ハジメ／細野晴臣／三上晴子氏らとご参加されています。秋山邦晴氏の司会によるこちらのイベントを報じた記事では、「スモウの真似でピアノに向ったりするユーモラスなパイク、オモチャのラッパ、カシオトーンを使う坂本、フリーに弾きまくる高橋、立花はステージで鉄筋のオブジェを制作する、細野は、ミキサー席でじっと動かず。（略）60年代、時代背景とからんだパフォーマンス・ブームとは違い、突如と提供された表現形式に、観客は、ファッションとして軽くこなそうとする層は別として、とまどいは隠せないようだ[29]」と記されています。

一九六七年六月二十二日にニューヨークのブラック・ゲートにて開催されたパイクのコンサート「Come & Go & Return」において、パイク氏と小杉武久氏は「Video Tape Study No. 2」という作品で、パフォーマンスとしての相撲の仕切り直しを行っていたようです。ピテカントロプスにおける坂本さんの「オモチャのラッパやカシオトーン」による演奏は、パイク氏や高橋氏との共演ということもあり、どちらかというと一九六〇年代のフルクサス的なイヴェント作品を意識しておられたということになるのでしょうか。

ビデオ

一九八三年六月に発行された「アヴェク・ピアノ」において、繰り返しになりますが「シンセサイザーとピアノの違いというのは、映像でいうとヴィデオと映画のフィルムほどの違いがあるね。（略）シンセサイザーを普段演ってるから、逆にピアノでは細かいニュアンスを出したくなっちゃうんだよね。（略）今回、ピアノを弾いててパフォーマンスということを感じた。どうせなら弾いてるところをヴィデオに撮って、そうすれば視覚的に弾いてる運動を皆が眼で見えるから、かなり楽しめると思うんだけど[30]」とご発言されていました。

坂本さんは「高校生の時からパイクなんかのファンだったから。そのころもうパイクはビデオ・アートなんかやってましたから。日本にも飯村隆彦とか、山口勝弘さんとか（略）そういうのはしょっちゅう見てましたけどね」[31]と述べておられます。坂本さんが高校三年生のときに発行された「美術手帖」誌の一九六九年五月号には、ジャド・ヤルカットによる「性と音楽とコンピューター・アート 白南準の芸術」という記事が掲載されており、坂本さんはこうした記事をご覧になっておられたものと思われます。また、坂本さんが武満徹批判のビラを二回目に撒かれた「ニュー・ミュージック・メディア」というイベントは、大まかに現代音楽／ロック／フォーク／フィルム／ビデオ／ポスターというジャンルに分かれており、ビデオのセクションでは松本俊夫や山口勝弘らのビデオ作品が取り上げられていたことから、坂本さんはいわゆる「ビデオ・アート」にも早くから触れられていたものと思います。

また、一九八二年から一九八三年にかけて撮影された寺山修司と谷川俊太郎の「ビデオ・レター」という作品について、坂本さんは「ビデオの特性って、僕はそのプライベート性にあると考えている。谷川俊太郎さんと寺山修司さんがやった、手紙のようにビデオをやりとりする使い方に、親しみを感じていたんだ。それに簡便さと早さ。何回も消せるし、撮ったらすぐに見ることができる。生活の中の行動のリズムと表現が一体になれるというのは、大きな魅力だよ[32]」と述べておられます。

一九八四年六月十四日から七月二十九日にかけて、東京都美術館では「ナムジュン・パイク展ヴィデオ・アートを中心に」が開催されており、坂本さんは一九八四年五月三十一日にギャルリー・ワタリでパイク氏とお会いになられています。この際に行われたと思しき対談において、パイク氏は「1988年のソウル五輪の時に、五大陸をテレビで結んだイベントの予定があります。もちろん日本からもスーパースター(坂本氏を見ながら)に出演をお願いします。この番組は実現できると思うんだ[33]」と発言しています。ただ、この時点では「オール・スター・ビデオ」として実現するお二人のコラボレーションによるビデオ作品については言及されていません。そして、一九八四年六月に坂本さんは東京都美術館において、二回ほどパイク氏の作品の撮影をされており、少なくとも三回はパイク氏との打ち合わせをされていたようです。

坂本さんは「この前(註・パイクが日本へ)来た時に美術館でナム・ジュン・パイク展があって、そのビデオのパイク作品、オブジェみたいのね、それと僕とからんでビデオ作品が作れたらいいという発想で始まったんですよね。そこからどんどん発展していって、いろんなシチュエーションでね、たくさん撮りだめしていって」[34]、そして「たまった素材を前にして、『二人の名前が並んだビデオにしよう』と自然にまとまってきた。『オールスター』というのはパイクのコンセプトで、自分が影響受けたり親しかったりする人を登場させたかったのね」[35]と発言しておられることから、当初はパイク氏と坂本さんのコラボレーションによる映像作品が構想されていたようです。

一九八四年八月十日から二十一日にかけて、「ブルータス」誌の取材のためにブラジルに行かれています。坂本さんはパイク氏から「『あんた、自分で撮んなきゃ駄目よ』とかいわれて、ブラジルまでビデオ持っていって撮影してきた」[36]と発言されています。ブラジルには一九八五年一月に発売されるソニーの8ミリビデオの第一号機（CCD-V8）の試作機を持っていかれたようです。「ザ・グレイ・ウォール」でもビデオを撮影されていたようですが、こうした坂本さんの手によって撮影されたビデオは公開されることがなかったように思われます。こうしたビデオが公開されなかったのはチャンスの問題だったのでしょうか。

一九八四年十月二十二日に「オール・スター・ビデオ」の撮影のために坂本さんはニューヨークに到着されており、十月二十六日には帰国の途につかれています。坂本さんは「ニューヨークで追加分を撮って。ニューヨークのはジョン・ケージにインタビューしたり、3人位インタビューしたんですけど、そういうアートの大御所たち、ヨーゼフ・ボイス、詩人のアレン・ギンズバーグとかが、コラージュ的に出てきますけどね[37]」と発言しておられます。パイクは「オール・スター・ビデオ」について「現代の偉人達のエッセンスをつなげて、後世にのこしておこうと編んだのが、今度の拙作である[38]」と述べています。

一九八四年十一月に行われた浅田彰氏との対談において、坂本さんは「六〇年代っていうのは、何か面白い可能性をもってるね。もう一回六〇年代に返って、というんじゃないけど、寄り道して違う線があそこから出てくるという、そういう可能性はあると思う[39]」と述べておられます。パイクの言う「オール・スター・ビデオ」が「現代の偉人達のエッセンス」として完成したのは、坂本さんからのアイディアも反映していたということになるのでしょうか。

坂本さんはアルバム「音楽図鑑」に収録された「羽の林で」のミュージック・ビデオについて、「最初から（立花）ハジメでやろうと思った。もともと『音楽図鑑』にまつわるアート・ディレクションを全部ハジメの連系ブレーンでやってもらってたんで、その流れでハジメしかいないという感じで。／あれはもともとジャケット・イメージから発想してるんですけど、一応アイデアのコンセプトは僕から出して、ピアノ弾いてる僕と、それからシュールな森とか、シュールな昆虫とか、イメージをふくらませた。『音楽図鑑』っていうアルバムのイメージ・ビデオっていうことで、あの曲選んだんですよ。具体的にはハジメに任せちゃったからね。（略）相談しながらですから、個々の場面においては、その場でこうした方がいいとかね、割とどんどん口はさんで作っちゃったかな。編集なんかも少し手伝ったりして。（略）ハジメのグラフィカルな感じが好きだったんでね。かなり満足してます。あんなにきれいな映像ができたのは珍しいんじゃないですか[40]」と説明しておられます。

ビデオ「羽の林で」の製作は、先の「パフォーマンス」の部分などで引用した「今回、ピアノを弾いててパフォーマンスということを感じた。どうせなら弾いてるところをヴィデオに撮って、そうすれば視覚的に弾いてる運動を皆が眼で見えるから、かなり楽しめると思うんだけど[41]」というご発言や、「なんかやっぱりヴィジュアルなものと一緒にやりたいっていう気持ちあるなあ[42]」といったご発言を実践されたということになるのでしょうか。

坂本さんはウルトラヴォックスのビデオ「ヴィエナ」（シングルは一九八一年一月にリリース）などを監督したラッセル・マルケイ氏の監督について、「彼はほんとに優秀で、映画チックなプロモーション・ビデオを初めてやったんでびっくりしましたね[43]」と述べておられます。そして、坂本さんは一九八五年一月にロサンゼルスで撮影された「フィールド・ワーク」のビデオについて、「トーマス（註・ドルビー）と東京で会ったとき、ビデオを彼にディレクトしてもらおうと思ってね。それをできるシングルをやろうと考えてたんだ。そして、そのコンセプトが決定した時点で、彼に説明したら、それに基づいて歌詞を考えてくれたんだ[44]」と述べておられます。

トーマス・ドルビーの「彼女はサイエンスShe Blinded Me with Science」（一九八二年）のビデオは「映画的」なもので、「ハイパーアクティブ！Hyperactive!」（一九八四年）のビデオはビデオ・アートふうのものでした。坂本さんは「フィールド・ワーク」において、とくにマルケイの「ヴィエナ」や、ドルビーの「彼女はサイエンス」のような「映画的」なビデオを試みてみようとお考えになられていたのでしょうか。

一九八九年十一月に公開されたインタビューにおいて、坂本さんは「ここだけの話、ビデオってあんまり好きじゃないんですよね。何か残らないような気がするの、メディアとして。ちょうどベトナム戦争20年で、アメリカでテレビ見てると記録はほとんどビデオなのね。第一次大戦とか第二次の見てるとフィルムなんだけど、モノクロで夜、大砲とか撃ってるシーンはもう芸術なんだよね。フィルムのほうがずっとローテクなんだけど、不思議なことにクオリティが高いんだよね。シンセは5年だけど、ピアノって200年持つでしょう[45]」と発言しておられます。すなわち、坂本さんのビデオに対するご関心は、急速に薄れていったということになるのでしょうか。

MIDIレーベル

一九八四年七月二十五日の日記には「会議室で新レコード会社のミーティング。会社名はMIDIに決定[46]」と記されています。一九八四年九月十一日に行われたMIDI設立の記者会見を報じた記事では、「教授、9月に本格的なソロ活動再開を宣言したワケだが、これがなんと『新会社設立』という強力なオマケ付き。問題の新会社は、RVCのレーベル『ディアハート』と、坂本龍一と彼の強引な呼びかけでNYから急遽帰国した現代音楽の高橋鮎生の2人が中心となる新レーベル『SCHOOL』の2つが合体してできたもので、その名を株式会社『ミディ[47]』」と記されています。設立当初のMIDIで高橋鮎生氏をお招きになられたのは、鮎生氏が欧米の動向に詳しかったことなどが理由だったのでしょうか。

坂本さんはＭＩＤＩやＳＣＨＯＯＬについて、「学校（スクール）というのは、いろいろな情報や技術を持った子供たちが集まってて、非常にスピーディに情報交換が行われてる。そういう意味で今度の『ミディ』なり、『スクール』なりをひとつの軽やかな学校として、スピーディーな情報交換で、既成のレコード会社にはできない軽やかなオーバー・ネットワークを展開して行きたい[48]」、あるいは「ミディって要するにインターフェイスなんですよ。メディアのネットワークというか。今、そういうものを持つというのは、おもしろいよ[49]」とご発言されています。

また、坂本さんは「僕がレコード会社を作ったというのは（略）一つのネットワークのステーションとして考えている[50]」、そして「レコードっていうメディアをひとつの核にして、他のメディアとのネットワークを作っていくという。（略）今回の僕の『スクール』っていうレーベルも、坂本龍一のカラーを出すレーベルじゃなくて、坂本龍一が提供する環境なんだね、あれは。その意味で、坂本龍一プロデュースみたいなことは、あんまりないと思う。ようするにメディアなんだ。本本堂もそうなの[51]」とおっしゃっておられます。

さらに坂本さんは「エピキュロスという人がいましてですねー、学校庭園みたいのを作ってね。そこに、割と自由な考えを持った人なんかが出入りして、散歩しながら話したりして、哲学ができちゃったみたいなことがあったんですね。／そういう環境に、SCHOOLなりミディがなったらいいなっていう。つまり音楽の趣味が全く同じ人はいないわけだから、いろんな個性の人が出入りしながら、情報を交換したり、テクノロジーを交換したりして、交通が生まれるといいな[52]」ともご発言されています。すなわち、まずMIDIでは「ネットワーク」の構築や、「メディア」としてのレーベルの確立を目指しておられたものと考えられます。

そして、坂本さんは「レコードでも、『月刊サカモト』っていうシリーズを作って、月ぎめで月刊レコードっていうふうに（略）地獄だけどね、やろうというアイディアもあったんです。（略）ミディ（略）でやってみるつもりですけどね。本当はそうなるはずだったのね。今度でる、『音楽図鑑』というレコードは。（略）その場合は6回シリーズとか決めといて。そうやってやると、完成とかそういうことを問題にしないで、骨組のまま、だしていっちゃうというかな。それはやっぱり早さっていう問題[53]」が重要であるとご指摘されています。

さらに坂本さんは「ものすごくレコードに不満を持っているんです。それはなぜかというと、メディアとしてリアルタイムじゃないんです。実は一年八か月かかって、一枚レコードを作ったんですけれども、なぜそんなにかかっちゃったかと言うと具体的な商品、メディアの形が見えない」[54]からであるとご発言されています。すなわち、坂本さんは既存のレコード会社のフットワークの重さも問題にされていたことが分かります。

そして、坂本さんはフットワークの重さだけでなく、「レコードというのは十曲なりなんなり入っているわけだけれど、実は全く意味がない。一曲出来たら出せばいいわけです。ところが非常にスタティックな今の流通機構というか、組織というのか、そういうものに、一曲のレコードというのは合ってないわけ。そのためにしょうがないから自分でレコード会社作った、それをやるために。本屋も作ったけど、レコード会社も作った。自分でメディアをコントロールしていかないと、それができないの」[55]と述べておられるように、レコードというメディアのありかた自体に疑問を呈しておられたことが分かります。

一九八五年十一月の時点において、坂本さんは「今欲しいのは、自分の発想がリアルタイムで受け手に伝わるという、人体の神経系みたいなシステム。商品の造り手の脳がパルスを帯びて何かを発想したら、それがダイレクトにマーケットに届いて、受け手の脳と交信できるような」[56]とおっしゃっておられます。こちらのインターネット時代を先取りしたかのようなご発言は、一九九五年十一月三十日に行われた「坂本龍一 TOUR '95 D&L with 原田大三郎」のストリーミング配信などへと発展していったものと思われます。現在のインターネット環境ですと、制作のプロセスをリアルタイムで配信するようなことは技術的にかなりハードルが下がっているように思われますが、すでにこうした発想は過去のものとお考えでしょうか。それとも現時点でもまだテクノロジーが追いついていないとお感じでしょうか。

坂本さんが既存のメディアに対して提起されていたさまざまな問題点は、本本堂やＭＩＤＩ／ＳＣＨＯＯＬの設立、そして、それらの運営を続けられたことによって、どのあたりまでクリアできたとお考えでしょうか。

「音楽図鑑」から「未来派野郎」までのあいだにＭＩＤＩがリリースしたアルバムを以下に示します。こうしたリリースについては、どこまで坂本さんが関わっておられたのでしょうか。

一九八四年
　坂本龍一「音楽図鑑」
　オムニバス「MIDI Summer Collection」

一九八五年
　Ｅｐｏ「ハーモニー」
　高橋鮎生「Silent Film」
　大貫妙子「コパン」
　鈴木さえ子「緑の法則」
　立花ハジメ「太陽さん」
　坂本龍一「エスペラント」
　高橋鮎生「Memory Theatre」
　オムニバス「MIDI Best File」
　矢野顕子「Brooch」
　大貫妙子「アフリカ動物パズル」
　かしぶち哲郎「彼女の時」

一九八六年
　ミッチライブ「惑星の観察」
　矢野顕子「峠のわが家」

ローザ・ルクセンブルグ「Puri Puri」
大貫妙子「Comin' Soon」
坂本龍一「未来派野郎」

ライフ

「宝島」誌の一九八二年一月号に掲載されたインタビューにおいて、坂本さんは「今少し興味があるのはＤＪじゃなくて、ラジオ番組を作ること。ラジオの『スネークマンショー』好きだったんだけど、あれはまあ音楽とギャグがちゃんと分かれてたけど、もっと一体化して、内容もギャグにとらわれないもの。ドラマなんだか音楽なんだかわかんないような——レコードでもラジオ番組でもいいけど——そういう境い目のないものを作りたい。音楽よりかは少し芝居っぽいもの、好きみたい[57]」と述べておられます。

一九八四年六月二十五日の日記によると「如月小春と打合わせ。ラジオ・ドラマをつくる[58]」ことになり、一九八四年七月十一日の日記には「ＮＨＫ１Ｆ食堂で如月さんとラジオ・ドラマの打合わせ。ＤＪ番組だかラジオ・ドラマか判らない現実と虚構が交錯したものをつくろう」[59]と記されています。

一九八四年十二月二十二日に放送された「ライフ」という作品は「ラジオ・パフォーマンス」と銘打たれており、如月小春と坂本さんの対話／ラジオ・ドラマ的な芝居／坂本さんのモノローグ／コラージュ風の対話などから構成されています。坂本さんによる音響は、インダストリアル・ノイズふうの音響／既存の音楽のコラージュ／練習しているエレクトーンのような音響／物体を叩くような騒音などから構成されています。こちらの作品もタイトルから「ラジオ」というメディアを使用した「パフォーマンス」であると考えられますが、視覚的要素を欠いた聴覚のみによる「パフォーマンス」に限界などはお感じになられましたでしょうか。また、演出を担当された平野敦子氏（武満徹氏が音楽を手がけたラジオ・ドラマなども担当されています）の関与についてご記憶のことはございますでしょうか。

コスモポリス

一九八四年十月七日に神戸ポートアイランドのワールド記念ホールにおいて、アパレルメーカー「ワールド」所属の菊池武夫氏と、坂本さんの総合プロデュースによる「コスモポリス」が上演されています。雑誌では「未来学者仲小路彰氏の『未来学原論』を音、光、肉体を使って具現化したもので、ロスのチャイナ・クラブ・オーナー、シー・ユー・チェンの発案。混乱→破壊→誕生→コスモポリスの出現という二時間の構成に、NYから22名のゴスペルチーム、ロスからブレイク・ダンス集団、ハリウッドから20名のバレエ団、ロンドンなどから25名のモデル、そしてワールド社員200名以上の群舞登場と、シーンの展開ごとに驚嘆の声があがった。／坂本龍一は、特設ステージから、何台もシンセサイザーを操り、特に『破壊』シーンの攻撃的サウンドは圧巻だった。（略）二台のフェアライトを持ちこんで、まるでコンダクターのように高台からイベントを演出した[60]」と紹介されています。

坂本さんは「コスモポリス」について、「僕はこのイベント全体の音のデザインをします。実際に演奏もするし、テープも作ってます。映画の『ブレード・ランナー』にこのコンセプトは似てるんだけど、現在の都市が崩壊しちゃってまた新たにもっとバイオニックな都市が生まれてくる…っていうのを表現しようと。（略）今回の『コスモボリス』はパフォーマンスというより、むしろミックスト・オペラっていう方が合っているね[61]」と発言しておられます。

しつこいようですが、坂本さんは「長電話」において、「なんかやっぱりヴィジュアルなものと一緒にやりたいっていう気持ちあるなあ。ぼくがピアノ・ソロだけでもいいんだけど、たとえばピアノのまわりをうろうろダンサーがね、一人いるとかね、なんかスライドがあるとかね。で別にそれは、やってる音楽に直接、逐一関係ある必要ないんだけど、なんかそういうものがあった方がいい感じだなあ[62]」と発言しておられました。「コスモポリス」はこちらのアイディアの実践といった側面もあったのでしょうか。

マタイ1985

一九八五年四月十一日は大阪のフェスティバルホールで、四月十二日には東京のゆうぽうと簡易保険ホールにおいて「マタイ1985」が開催されています。坂本さんはこちらのプログラムのなかで、「繰り返し（リピート）、ソロとコーラスの、引用の集積（たたみこみ）、多方向アクセスの可能性、引用と組み込みにより『マタイ』をオープン・ホログラムとしてプログラムし直すこと、『マタイ』＝バッハの対話可能性をひき出すこと、そして知覚力のある有機体としての音楽、音楽をカラー・コード化して単線的な物語をモティーフ別に楽しむことができる、『観察軸の傾きに応じて、異なったメッセージを引き出すことができる』[63]」などといったさまざまなイメージを提示しておられます。

「マタイ1985」は如月小春氏が主体となった舞台に、高橋悠治／三宅榛名／渡辺香津美氏といった音楽家たちが参加するという流れだったのでしょうか。上記の引用文にある「音楽をカラー・コード化して単線的な物語をモティーフ別に楽しむことができる」というご発言は、サンプリングによる作曲をご経験されたうえでのご発言のようにも思われますが、こうした態度は続く「TV WAR」にも引き継がれていったように思われます。そして、如月氏とのコラボレーションということで、「マタイ」は「ライフ」を舞台の規模へと拡大したという側面もあったのでしょうか。

── TV WAR ──

一九八五年九月十五日にはつくば科学万博において「EV TV」というイベントが開催されており、キット・フィッツジェラルド氏とポール・ギャリン氏の映像による「Now」／坂本さんと浅田彰氏、ラディカルTVの映像による「TV WAR」が上演されています。坂本さんは「TV WAR」について、「今のテレビっていうのは、まだ物語的なレベルにとどまっていると思う。やたらと、ストーリー性とか人間的な演出、浅田君に言わせれば『映画的なものへのノスタルジー』が目につくわけ。そこでテレビを、そういったしがらみから解き放って、もう一度進化させたいと思った。テーマを戦争にしたのは、すでに巧妙に管理された映像に慣れている僕らにとって、それを打ち砕くには、日常的なものでなく異質性をそなえた、もっとパワフルなものが必要だと思ったからだ。『戦争』というテーマがまさにそれだったんですよ[64]」とおっしゃっておられます。

一九八三年十二月の「長電話」における「なんかやっぱりヴィジュアルなものと一緒にやりたいっていう気持ちあるなあ[65]」という構想は、つくば科学万博におけるジャンボトロンという巨大な映像上映装置においても実現されていたものと思われます。また、坂本さんは「この数年前に『ブレードランナー』があって（註・一九八二年七月に日本公開）、さらに直前にはウィリアム・ギブスンがサイバー・パンク小説の『ニューロマンサー』を上梓した（註・一九八四年七月にカナダで出版、一九八六年七月に邦訳が出版）。現在までつながっているサイバー化の流れの中で実現したパフォーマンスでした[66]」と述べておられます。

坂本さんは「ＴＶ ＷＡＲ」について、「今までのビデオアートは、タブローを丹念につくる、一生懸命完成品をつくるという方向だった。でも、今度のビデオは、ビデオを使ったライブパフォーマンス。今までのビデオアートとは全然違うと思うんですが[67]」と発言しておられます。こちらのご発言にもあるように「ＴＶ ＷＡＲ」については比較的ポジティブな見解が多くみられますが、ご自身としても成功したパフォーマンスだとお考えでしょうか。

エスペラント／メディア・バーン・ツアー

一九八五年十月にはアルバム「エスペラント」が発売されており、一九八五年十一月二十二日から二十四日にかけてはモリッサ・フェンレイとの舞台「エスペラント」の公演が行われています。坂本さんはこちらの舞台について、「本来音楽のビートとダンスのビートとは四拍子なら四拍子で同調するものだけど、彼女の場合は二つが平行（パラレル）で決して同調することがない。音楽のビートを聞きながら、彼女が勝手なビートで踊る。（略）そこがとても新鮮だった。ちょっと想像すると不可能に近いことを演ってるんだもの、びっくりした。／だから『エスペラント』制作にあたって、最初、リズムが明確でダンサブルなものである必要はなかったし、むしろ、彼女のエネルギッシュなダンスから伝わる衣擦れとか床のキュッキュッと鳴る音を意識してね、間がいっぱいある静かな音が合うと思ってた[68]」と述べておられます。

こちらのご発言から、マース・カニングハムの舞踊とジョン・ケージによる音楽による舞台のように、ダンスと音楽がパラレルに進行していたと思われる舞台「エスペラント」は比較的自由に作曲することができたものと考えられます。ただ、一九八五年十一月二十五日に浅田彰氏とフェリックス・ガタリ氏と行われた鼎談では、「サンプリング・マシーンによる音楽というのは、いろいろなコンテクストをもった音がごく短い時間に現われては消えるという風になっているわけです。そういう不連続な継起から出てくる感じというのは、結局、『空虚』ということなんですね[69]」とおっしゃっています。

一九八五年九月に坂本さんはＰＩＬとのレコーディングのためにニューヨークに行かれており、帰国後に「レコーディング・スタジオでは『ヘビー・ロックしかないね』が流行言葉だったけど、だから僕も帰ってきたらもうやさしい環境音楽とはおさらばして、ロックしないと。ハハハハハ。／うん本当だよ。ニューヨーク行って感じたんだけど、ニューヨークみたいな、まだロックしてるエキサイティングな街は、環境音楽持ってきてもぜんぜんパワーない。おもちゃみたいな存在になってしまう。で、今度は、ファンキーって言うか、自然に体が動いちゃうような音楽を演りたいね。（略）なんか環境音楽では、今の気持ちがおさまりきれなくなってるんだ[70]」とおっしゃっておられます。

一九八六年四月二十一日にはアルバム「未来派野郎」がリリースされており、同日から一九八六年六月十八日にかけては「メディア・バーン・ツアー」が全国の二十八ヶ所で開催されています。ビデオ「メディア・バーン・ライブ」を拝見する限りでは、サンプリングが多用されつつも、肉体を全面に押し出した「ファンキー」な演奏がメインとなり、マルチメディア的な仕掛けは後退して「空虚」さは薄れているように感じられます。

そして、一九八六年の夏に坂本さんは映画「ラストエンペラー」の撮影に合流されています。坂本さんがさまざまなメディアを越境しつつ活動されていた一九八四年から一九八五年の二年間は、坂本さんのこれまでのキャリアからみても特異的な期間であったように思われます。

「宝島」誌の一九八六年五月号にて公開されたインタビューでは、ＹＭＯを散開したあとの「最初の一年は、その決着をつけようと思った時期で、去年一年間は、一種の準備期間。『フィールドワーク』があり、『ＴＶウォー』があり『エスペラント』がありと、活動のひとつひとつは余り大きくなかったんだけれど、別々にやっていたことが『未来派野郎』に結集してきた。自分にとって重要なポイントは『エスペラント』で、そこで全面的にサンプリングによる作曲、曲作りを徹底してやった。それと『TVウォー』。一種のスピードというか、機械、テクノロジー、戦争という、その時はまだ未来派って気がつかなかったけれど、まさに、80年代の未来派をやっていた。これで、ポストYMOの坂本の一段階目、プロジェクトが準備されたんです[71]」とおっしゃっておられます。

ただ、二〇〇九年には「どうして『エスペラント』の方向性で音楽を続けていかなかったんだろうと、今になって悔しく思ったりすることもあります。あのまま続けていれば、すごいことができたかもしれない、なんて。でもまあ、それが人生ですよね[72]」とご発言されています。現在の視点から、坂本さんは一九八四年から一九八五年という二年間をどのようにお感じになられますでしょうか。

註

1 坂本龍一、村上龍「音楽が時代のキー・ポイントだ」『イン・ポケット』2巻1号（一九八四年一月）4頁

2 坂本龍一『本本堂未刊行図書目録 地平線の書物』朝日出版社（一九八四年十一月）222頁

3 坂本龍一、浅田彰「テスティモニー1」『本本堂未刊行図書目録 地平線の書物』朝日出版社（一九八四年十一月）123頁

4 註3に同じ。

5 坂本龍一「龍一くんは、本本に夢中よ。」『朝日新聞 夕刊』（一九八四年五月二十八日）9面

6 坂本龍一、高橋源一郎「最近ね、どこへ行ってもこの話になるんで、危機を感じているんだよね」『スタジオ・ボイス』109号（一九八四年十二月）21頁

7 坂本龍一、さまたまさと「教授がいっぱい 前編」『音楽専科』661号（一九八四年十一月）68頁

8 註3、112頁

9 坂本龍一、小貫信昭「坂本っていう『森』から、もう一人の坂本が見つけてきた虫や花が、いま僕の手を離れます。」『ホットドッグ・プレス』108号（一九八四年十一月二十五日）124頁

10 坂本龍一「『スター』日記」『水牛通信』58号（一九八四年五月）4頁

11 ナムジュン・パイク、坂本龍一、松村要二構成「ＴＯＫＩＯ・ＮＹパフォーマンス対談」『平凡パンチ』21巻24号（一九八四年六月二十五日）38頁

12 高橋悠治、坂本龍一『長電話』本本堂／冬樹社（一九八四年五月）見返し

13 坂本龍一「『スター』日記 4」『水牛通信』60号（一九八四年七月）5頁

14 坂本龍一、前田祥丈「出揃ってるからね。メニューが。だから最後はやっぱりさ、人間の本質的な問題をやるしかなくなってくるわけ。」『ミュージック・ステディ』4巻11号（一九八四年十一月）31頁

15 註12、100頁

16 坂本龍一、さまたまさと「教授がいっぱい 後編」『音楽専科』662号（一九八四年十二月）87頁

17 註2、213頁

18 坂本龍一『Avec Piano』ＫＩＣ思索社（一九八三年六月）13頁

19 註12、57頁

20 坂本龍一、鈴木布美子、編集部「メディア密林のターザン」『宝島』13巻12号（一九八五年十二月）21～22頁

21 坂本龍一「『スター』日記 3」『水牛通信』59号（一九八四年六月）4頁

22 註21、5頁

23 註21、5頁

24 三浦憲治撮影「The Grey Wall. 坂本龍一の『書物の解体学』」『平凡パンチ』21巻22号（一九八四年六月十一日）3～8頁

25 註11、37頁

26 註3、137／139／141頁
27 坂本龍一「(無題)」『BLANCHE』リーフレット(一九八四年)2頁
28 無記名「ミニ・コミ、頑張れ!」『宝島』12巻1号(一九八四年一月)44頁
29 無記名(編集部)「深夜のピテカン・パーフォーマンスと目撃者」『宝島』12巻8号(一九八四年八月)11頁
30 註18に同じ。
31 坂本龍一「また音楽が映像と一緒になるようになったっていうのが必然なのかもしれない」『Music Video ミュージック・ステディ別冊』5巻4号(一九八五年一月)52頁
32 坂本龍一「百科事典を自分なりに配列しなおしてみる。頭の中で。ほら、知識の『キット』として遣うわけ。」『写楽』6巻3号(一九八五年三月)27頁
33 註11、40頁
34 註31、53頁
35 註32、26頁
36 註32、26頁
37 註31、53頁
38 ナムジュン・パイク「最高神の分有」ビデオ『All Star Video』解説　CBS/Sony(一九八四年十二月)
39 註3、142頁
40 註31、53頁
41 註18に同じ。
42 註12、57頁
43 註31に同じ。
44 無記名「トーマス・ドルビーと坂本龍一の共同作業が完成!」『宝島』13巻4号(一九八五年四月)10頁
45 坂本龍一、平山雄一「坂本龍一全仕事」『ワッツイン』2巻17号(一九八九年十一月)71頁
46 坂本龍一「『スター』日記 6」『水牛通信』62号(一九八四年九月)5頁
47 無記名「坂本龍一の『新レーベル』誕生!」『宝島』12巻11号(一九八四年十一月)24頁
48 註47に同じ。
49 坂本龍一、平山雄一「今度のアルバムは新しくも古くもない」『FMレコパル』11巻22号(一九八四年十月八日)90頁
50 註3、117頁
51 註14、30頁
52 註7に同じ。
53 註3、129〜130頁
54 註3、176頁
55 註3、196頁
56 坂本龍一、福田敏彦「パフォーマンスと流通の結合」『電通報』3405号(一九八六年一月二日)4〜5面
57 坂本龍一、豊田菜穂子「教授主義」『宝島』10巻1号(一九八二年一月)56頁
58 坂本龍一「『スター』日記 5」『水牛通信』61号(一九八四年八月)4頁
59 註58、5頁

60 無記名（編集部）「コスモポリス」『宝島』12巻12号（一九八四年十二月）5頁
61 坂本龍一、桜井圭介「坂本龍一さんが気になる」『リオ』1巻11号（一九八四年十一月）100頁
62 註12、57頁
63 坂本龍一「マタイ1985」舞台『マタイ1985』プログラム（一九八五年四月）8頁
64 註20、23頁
65 註12、57頁
66 CD『坂本龍一／Year Book 1985－1989』解説　エイベックス・エンタテインメント（二〇一八年二月）14頁
67 坂本龍一、福田敏彦「パフォーマンスと流通が結合した人体の神経系みたいなシステムができないかなあ」電通報編集部編『コミュニケーションの冒険』電通（一九八六年九月）40～41頁
68 註20、22頁
69 フェリックス・ガタリ、坂本龍一、浅田彰構成「F・ガタリ サンプリングを語る」坂本龍一、細川周平編『未来派２００９』扶桑社（一九八六年四月）72頁
70 註20、24頁
71 坂本龍一、相倉久人「ポストＹＭＯ宣言」『宝島』14巻5号（一九八六年五月）9頁
72 坂本龍一『音楽は自由にする』新潮社（二〇〇九年二月）161頁

第二部　二〇世紀芸術を超えて——坂本龍一インタビュー

第四章

武満徹との五十年を振り返る

聞き手　川崎弘二

一九六二年の高橋悠治のコンサート

――坂本さんと現代音楽の出会いとして、小学校四、五年生のころに草月会館ホールで聴かれた高橋悠治氏のコンサートがあったと発言[1]されています。

高橋悠治さんと一柳慧さんの二人がいたというのは間違いないんですよね。川崎さんはいろんなインタビューをお調べになっていて、過去にはジョン・ケージの曲を演奏していたというようないい加減なこともぼくは言っていましたけれども、[2]それはあくまで印象です。ピアノは二台並んでいたような気がするんです。一台は草月会館にあった赤いベーゼンドルファー。そのコンサートのメインは高橋悠治さんだったように思います。

(一九六〇年代に草月会館ホールにおいて開催された高橋悠治によるコンサートのリストを見せる。一九六二年二月二十三日に開催されて、一柳慧も演奏に参加した「高橋悠治ピアノ・リサイタル2 Piano Distance」を指す)

これっぽいな。

――そうだとすると、武満徹「コロナ」、高橋悠治「エクスタシス」、湯浅譲二「ピアノのためのプロジェクション・エセムプラスティク」、イアニス・クセナキス「ヘルマ」といった作品の世界初演を聴いていたということになります。

そういうことになりますね。そのときのコンサートでは目覚まし時計が鳴ったりだとか、野球ボールをピアノの弦の部分に投げ入れたりだとかしていた記憶があるんだけれども、その可能性がある曲は演奏されていますか?

――武満氏の「コロナ」や湯浅氏の「プロジェクション・エセムプラスティク」は完全な図形楽譜

の作品です。

ああ、図形楽譜でそういうことをやったと。普通のピアノの内部奏法をする作品だと、野球ボールを投げ入れたり、目覚まし時計をジリジリ鳴らしたりするなんてことはないですよね。しかし、当時の雰囲気としては過激にやるっていうことで、あまり洗練された内部奏法ではなく、ちょっとダダ的だったのかもしれない。そのときはまとまった曲を演奏しているという印象は受けませんでした。ぼくはてっきり悠治さんの作品だと思って観ていたんだけれども、舞台の上でむちゃくちゃなことをやっていて、ひと繋がりのなにかを演奏し続けていたという印象しかないな。

——中学生から高校生にかけて、現代音楽のレコードをひと通り聴いていったと発言[3]されています（一九六〇年代に発売された武満徹のレコードのリストを見せる）。

これとこれとこれは持ってない。あとはみんな持ってた。よく聴いてた。あと、悠治さんの「ローザスII」の入ったアルバム[4]もよく聴いてたなあ。高校生になったらこういうレコードを聴いていましたね。だけど、そのころのぼくはどっちかというと武満さんより三善晃さんのファンで、厳格なコンセルヴァトワールのメチエを学び、それを習得したうえで不協和音を書いているのがかっこいいと思っていた。そして、武満さんはそういうメチエの積み重ねがない人だというふうにも見ていた。

だからこそ武満さんはすばらしいんだっていうことも分かっていました。しかし、自分は小学校から作曲を学ぶような環境にたまたま育ってしまった。アカデミックなメチエを積み上げていく世界のおもしろさっていうのもありますからね。コンセルヴァトワールとかですと、一生ハーモニーしか教えない先生だっているわけじゃないですか。一九五〇年代に三善さんがパリに留学したときに習った、レイモン・ガロワ＝モンブランのハーモニーなんていうのは、それはそれでおそろしく洗練された世界ですね。

そういう音楽もすばらしいなと思っていたし、アカデミックなところから外れている湯浅譲二さんや武満さんや悠治さんのような作曲家もすばらしいと思っていた。そして、同時にそれらの父的なジョン・ケージの音楽もおもしろいと思っていました。とにかくそのころのぼくの関心は全方位だったので、自分がどこに向かったらいいのかはなかなか決めることができなかったです。

クロス・トーク

——高校に進学されると、アメリカ文化センターの主催、秋山邦晴／湯浅譲二／ロジャー・レイノルズ氏らのプロデュースにより、一九六七年十一月にスタートした「クロス・トーク」という演奏会のシリーズを観ておられたようです。

高校に入ってからは「美術手帖」のような雑誌を読むようになり、「クロス・トーク」といった現代音楽のコンサートにも行き始めた。どこかのビルの狭い部屋のなかで開催されていたというのもよく憶えています。でも、一緒に行ってくれるような友達は高校にいなかったので、一人で行っていました。そこまで現代美術や現代音楽に関心のある同級生はいなかったんですよ、残念なことに。

——一九六九年二月に日米の作曲家や映像作家らが参加して、国立代々木競技場において三夜にわたる「クロス・トーク／インターメディア」[5]という大規模なイベントが開催されています。

憶えていますよ、あれは。代々木の体育館で開催されたこのイベントをいちばん鮮明に憶えています。ライティングも凝っていておもしろかったんですよ。そのころはロックのコンサートも観ていましたから、そうしたコンサートとの親近性を感じていましたし、シアトリカルなイベントでもあった。六〇年代末ですからアングラ演劇も先進的なことをやっていたわけで、状況劇場とか黒テントのような演劇も観にいっていたんです。そうしたシアトリカルなものにも関心があったので、そういう意味での刺激も受けたような気がします。

強烈に印象に残っているのは、大きな体育館の真ん中に人間が立っているパフォーマンス[6]での光の演出です。体育館の左右にライトが設置してあって、一方から強い光で人間を照らす。ライトがバンッと切り替わって、反対側からの光で人間が照らされる。人間は動かないでただ立っているだけなのに、一瞬にして移動しているように見えるんですよ。目の錯覚ですけれども、ライティングというのはおもしろいことができるものだと思って、いまだに強く憶えていますね。

テリー・ライリーの映像[7]を見た記憶もありますし、できたてほやほやのアメリカの実験音楽をいちばん強い関心を持って聴いていた感じですね。そうした音楽と比べると当時の武満さんや三善さんはすでに古典的な感じで、特に三善さんのようなスタイルは保守的に見えるようになってきた。ジョン・ケージですらその当時はそんなにたくさん聴かれていなかったのに、ケージの息子といってもいいような次の世代の音楽がどんどん紹介されるようになってきたので、とてもわくわくしていました。

ノヴェンバー・ステップス

――坂本さんが高校一年生だった一九六七年十一月九日には、小澤征爾氏の指揮／鶴田錦史氏の琵琶／横山勝也氏の尺八／ニューヨーク・フィルハーモニックの演奏により、武満徹「ノヴェンバー・ステップス」がニューヨークにおいて初演されています。

雑誌の「音楽芸術」は、目を皿のようにして読んでいましたし、「美術手帖」のような美術系の雑誌も読んでいましたから、たぶん情報としては知っていたと思います。初めて「ノヴェンバー・ステップス」を聴いたのはいつだったか記憶にないけれども、そのころはＮＨＫ－ＦＭの「現代の音楽」が重要な情報源で、レコードが発売されるよりも早く各地のライブの録音が放送されることもあった。解説を担当していた柴田南雄さんのトークは華麗なもので、こうした番組で聴いていた可能性はありますね。

――大学生になった坂本さんは、武満氏の「ノヴェンバー・ステップス」のような作品はジャパネスクを安易に取り入れていると批判[8]されていたとのことですが、高校生のころはそうした感情はお持ちでなかったのでしょうか。

そうですね。あまりそこには注意を払っていなかったような気がします。自分の問題としてそういった問題と向かい合うようになったときに、先行事例として考えるようになったということかもしれません。ただ、そのタイムラグは二、三年くらいのことだと思います。

――大学生のころに武満氏を批判するビラを撒かれています。[9]

武満さんを批判するビラを書いたのは正確には憶えていないんですけれども、一九七二年くらいかしら。最初は東京文化会館の小ホールにビラを撒きに行ったんです。でも、コンサート自体は聴いていないんですよ。入り口でビラを撒いていただけで。そして、二回目にビラを撒きに行ったのは、野外で開催された秋山邦晴さんの企画によるマルチメディア的なイベントでした（註・坂本が矢吹誠と二人で作ったビラを二回目に撒いたのは、一九七四年八月六日から七日にかけて軽井沢ミュージックセンターにおいて開催された「ニュー・ミュージック・メディア」というフェスティバル）。多摩のほうで開催されたような気がするんですけどね。そのイベントではステージに自動車が何台か出てきて、ライトを点けたりクラクションを鳴らしたりするノイジーなパフォーマンス[10]をしていたことを憶えています。

　そのときに初めて武満さんと会った。武満さんはビラを持って向こうからやって来て、「これを書いたのは君かね」と言われて立ち話することになったんです。武満さんはずいぶん長く、親切に話に付き合ってくれた。面と向かっちゃうとそんなに批判もできないんだけれども、ぼくは緊張しながら言うべきことは言わなきゃならないと自分を奮い立たせて、ビラに書いてあるようなことを話したと思います。

　いまになって考えるとずいぶん的外れなことを批判していたんじゃないかと思いますけれども、そのときはよく分かっていなくて、武満さんは保守的だとかそういうことを言ったんじゃないかな。最後のほうになって武満さんが、「ぼくは武満教の教祖であり、唯一の信者なんだよ」と言ったのをとても強く憶えています。でも、武満さんからは全体的にのらりくらりと躱されてしまっていたような気がします。

——このころの坂本さんによる武満批判は「邦楽器によるジャパネスクを安易に取り入れたこと」

「大阪万博に芸術家が大量に参加したこと」「武満氏の成功によって邦楽器による作曲を追随する作曲家が多く現れたこと」などといったさまざまな要因も背後にあったのではないかと推測しています。

そのころは邦楽器による演奏集団も結成されていましたが、音楽的には非常に貧困で、つまらないものもあったんですね。視点を変えてみればずっと邦楽でやってきた演奏家たちが、伝統音楽だけをやるのではなく現代の音楽も作っていこうじゃないかという気概に溢れていたとは思うんですけれども、音楽の内容が伴っていないというか、残念ながらそこにはいい作曲家がいなかったということになるんでしょうか。

一九六〇年代から七〇年代ごろというのは、ぼくだけでなく日本社会全体に少しでも戦前を思わせるようなものは反動だと決めつける空気がありました。風潮というより、とくに左翼でなくても当時の国民はそういうマインドになっていたんです。当時の日本社会では、その拒否反応というのはまだまだ強かったと思うんですよ。

ですから、武満さんにとって、邦楽器を使うということはそうとうリスキーな行動だったんじゃないかな。でも、いまから思えば武満さんには、そういうつまらないステレオティピカルな観念をぶち壊そうという気持ちもあったと思います。邦楽器を使ったから保守的だなんていう、そんな表層的な批判に屈せず、常に楽器の響きの豊かさや音楽の新しい可能性について考えていらっしゃった方だから。

分散・境界・砂

——一九七五年に竹田賢一氏らと設立された「環螺旋体」というグループについて、坂本さんは「反武満的な、メディア論的な運動体」[11]であったと発言されています。そして、坂本さんは当時の現代音楽が置かれている状況を、民族性と切り離されたエリート性・階級性の強いものであるとして批判[12]しています。

そうねえ。毛沢東主義みたいなことにすごくはまっていて、芸術なんていう自立した美の領域なんてものは許さん、芸術なんていうものは人民に奉仕してこそ存在意義がある、というような非常に過激なことを言っていました。まあ、当時のゴダールなんかもそうで、彼はそれが原因となってトリュフォーとは訣別するんだけれども、当時の過激な若者はそういう考えを持っていたんですよ（笑）。

悠治さんも七〇年代には毛沢東主義にはまっていたし。悠治さんの自宅に竹田賢一さんと二人で伺って、長くお話ししたこともあったんです。だからそういう思想に対するアンチとして、武満さんという存在が代名詞になっていたんでしょうね。武満さんを深く研究して批判したというのではなく、武満さんといえば、美の小宇宙、自立した美の代名詞のように考えていたんじゃないかな。だから、芸術とか嫌だよね、みたいなノリでそんなことを言っていたんだと思います。

——一九七六年三月一日に東邦生命ホールにて開催された演奏会「高橋アキの夕べ 6人の若い作曲家のピアノへの捧げもの」では、坂本さんの「分散・境界・砂」というピアノ曲が初演されています。初演の直後に武満氏と新宿のバーでお会いされた際、このピアノ曲に対して肯定的な評価を受けられたそうですが、この言葉は素直に坂本さんへ届いたものと思われます。

そうですね。「ビラの君だね、君はいい耳してるね」なんて言われて、うれしかったりして（笑）。原田力男さんというとても志の高い調律師の方がいて、彼は調律の仕事をしながらも、日本の音楽の状況を憂いていたんですね。若い自立した作家を育てなければいけないと考えていたようです。そこで原田さんは、個人のお金で、ぼくらのような学生に声をかけて、高橋アキさんにそれらの作品を初演してもらうコンサートを企画して、そこに武満さんも聴きに来てくださったというわけです。

——しかし、一九七七年に発行された「音楽全書」という雑誌への寄稿では、「武満の感性ってさ、ユーミンとほとんど同じものを持ってる」[13]と発言されています。

それはね、新宿のバーでお目にかかったとき、武満さんがマイクを持ってユーミンを歌っていたんですよ（笑）。こっちもびっくりして。武満さんのポップスじみた曲ってあるじゃないですか。ぼくはあれがあまり好きじゃないんです。ユーミンを歌ったりする人なんだなって、ショックとまではいかないけれども、なるほどなと思うところがあったんです。しかし、ぼくは三善晃さんのことはほとんど書いてもいないし発言にも出てこないのに、なにかといえば武満、武満と言っているのはよっぽど気になっていたんですね。

——一九七九年九月発売のYMO「ソリッド・ステイト・サヴァイヴァー」[14]に収録された「キャスタリア」という曲は、武満氏の音楽が下敷きになっていると発言[15]されています。

それは厳密なものじゃなく、雰囲気くらいのことです。音楽的には武満さんなんかよりもはるかに保守的な曲です。ぼくはとくに「地平線のドーリア」が好きだったんですよ。武満さんの「弦楽のためのレクイエム」のような、もやっとしていてあまり音の動きが明確じゃない曲を作りたかったんでしょうね。

――武満氏への批判は「邦楽器によるジャパネスクを安易に取り入れたこと」から、「民族性と切り離されたエリート性・階級性の強い音楽を象徴した作曲家であること」へと移行し、「時代の流行に乗り、ロマンティックな表現へと向かっていること」[16]へと推移しているように感じられます。

ちゃんと動向をフォローしているんですね（笑）。ということは武満さんの作品をちゃんと聴いていたっていうことかなあ。武満さんはどこまで行っても、個人の美意識の世界でしょ。それは武満さんという作曲家にとってどうしようもないことだけれども、悠治さんはもともとがコンセプチュアルな作曲家でしたから、そのころは対照的な存在に見えていた。武満さんを批判したってどうしようもないんだけれども、一九世紀的な芸術のありかたはもうやっていてもしょうがないっていう気持ちが強かったんでしょうね。

ロンドンでの再会

——一九八三年五月に映画「戦場のメリークリスマス」が公開されています。武満氏は坂本さんによるこの映画の音楽を非常に高く評価[17]されていますが、当時はそのことをご存知だったのでしょうか。

いや、知らなかったですね。武満さんが評価してくださっているというのは秋山邦晴さんから直接聞きました。それもうれしかったですね（笑）。

——一九九一年十月にロンドンのバービカン・センターでは「ザ・タケミツ・シグネチュア」という特集が組まれており、このとき坂本さんは武満氏とデヴィッド・シルヴィアンと昼食をご一緒されたようです。一九七六年に新宿のバーでお会いして以降、武満氏とお話しされる機会はございましたか。

なかったような気がしますね。ロンドンで会ったときは、その間にデヴィッド・シルヴィアンと武満さんが友達になっていたというのが不思議でね。どうやって知り合ったのかいまだに分からないんですけれども、シルヴィアンから「明日、武満さんと会うけど来ない？」なんて電話がかかってきてびっくりした。まったく領域の違う二人が友達になっているという。ぼくが紹介するんならまだしも、シルヴィアンに誘われるっていうのは不思議な感じでした。

ぼくはほいほいと行ってですね、武満さんの娘さんもいて、ずいぶん長く話しました。三時間くらいかな。ぼくの大好きだったロンドンのブレイクス・ホテルの地下にエスニックのレストランがありまして、そこでお昼を食べ始めたんだけどランチ営業が終わっちゃって、残っているのはぼくらのテーブルだけになっても話が盛り上がっていた。わだかまりのようなものは二人ともすっかりなかったような気がします。そこで小津安二郎の映画の話をしたのはよく憶えています。

――武満氏から二人で創作をしようと約束されたようです。[18]

誘われました。小津の映画の音楽があまりにも凡庸だから(笑)、二人で作り直しをしようって。小津の映像はバウハウスのモホリ＝ナジに匹敵するようなすばらしいものなのに、音楽はそれにまったく釣り合っていないじゃないか、おかしい、それなら二人で作り直そう、って盛り上がったわけだけれども、シルヴィアンもいるわけなので、世代やいろいろな垣根を超えて三人でもなにかをやろうということでも盛り上がったわけですね。それからすぐに武満さんの側からこれをやらないかということで連絡があったのが、あまり好きではない武満さんのポップ・ソングの仕事だったんですよ。

武満さんは石川セリさんと仲がよかったですよね。セリさんが歌っている武満さんのポップ・ソングのアルバム[19]があるでしょ。あのアルバムでぼくにもアレンジをしてほしいという依頼だったんです。ぼくが忙しかったこともあり、武満さんとコラボレーションするならポップ・ソングじゃないだろうという気持ちもあり、結局はポピュラー・ミュージックの人に見られているのか、というがっかりした気持ちもあり、そして、実験的なことをシルヴィアンも入れてやりたいという強い気持ちもあった。だからうだうだ言っていて、結局やんなかったのね。

そうしたら武満さんが亡くなったあとにセリさんから連絡があって、「あのとき武満さんは待ってたわよ」と言われてしまった。やればよかったとそれはショックでした。セリさんの仕事は逃げちゃったけれども、絶対になにかやれるはずだと思っていたので、その後入院されて亡くなったというのを聞いてほんとうに残念だった。

「LIFE」以降

——武満氏に対する評価は、一九九九年九月に初演されたオペラ「LIFE」[20]を機に変わっていったものと思われます。

「LIFE」という作品は戦争と革命の世紀である二〇世紀の歴史というものを、いわばオペラのリブレットにして、いくつかのアスペクトで切っていくというものだったんですね。音楽的には二〇世紀のいろいろなヨーロッパ音楽のスタイルというものを、模倣的に後追いしていくというようなかたちになっている。ちょうど世紀をまたぐあたりのドビュッシーからミニマリズムのあたりまでを追っていくなかで、二〇世紀の音楽というものを聴き直してみたんですね。

長くファンであったピエール・ブーレーズですとか、メシアンとか、ヴェーベルンとか、ケージとかをまとめて聴いたんだけれども、やっぱり武満さんの音楽の強さっていうものを改めて認識させられたんです。百年後にブーレーズの音楽は誰も聴いていないかもしれないけれども、武満徹の音楽は百年後も聴かれているだろうと思いました。ルチアーノ・ベリオなんていう作曲家はすばらしい音楽を書く力を持っている人で、ぼくはとても尊敬しているんです。でも、いまでさえヨーロッパですらだんだん演奏されなくなってきている。残酷なものですよね。
しかし、武満さんの作品はますます再演が繰り返されるようになっているという話を、昨日、藤倉大くんとしていたところなんですけれども、それだけ強い魅力が武満さんの音楽にあると思います。大くんの意見では、ブーレーズは自分で自分の作品を指揮して録音しちゃったから、もうあれ以上の演奏はできない、誰も再演したくならないよね（笑）ってことなんですけれども、たしかにそういう面はあるかもしれないですね。

――武満氏が一九五九年に手がけた勅使河原宏監督による映画「ホゼー・トレス」の音楽を高く評価されています。

「ホゼー・トレス」の場合は、映画音楽としてというよりも音楽として佳作であるということで、とても好きな作品です。日本人でこんなに美しい動きによるハーモニーの音楽を作れる人間がいたんだということに、いま聴いてもびっくりさせられるんですよね。武満さんご本人がいちばんそう思っていたかもしれないけれども、なんで俺はフランスに生まれなかったんだ、極東で日本語を喋っている俺は、何者なんだと感じていたんじゃないかと想像させられてしまう。
映画音楽として考えますと、高く評価できるのは実験的な「怪談[21]」ですかね。「切腹[22]」っていう映画もあるでしょ。ぼくは何年か前に「切腹」をリメイクした「一命」[23]っていう映画の音楽を担当したんです。武満御大がやられた「切腹」のリメイクをぼくがやることになったので、心して見直してみましたけれども、映画音楽としては正直言って古い感じがしてしまいました。やっぱり現代音楽ふうというか。でも、数年違いで作られた「怪談」はいまでも新しいというか、古くはなっていない。その音楽は通常の映画音楽という範疇に入らないような音楽で、いまでもとてもおもしろいですね。

「怪談」には胡弓だけで、数分間ほど一音だけが続く場面[24]があるんです。一音しかないのにものすごい強さなんですよね。いまでも自分でなにかを作るときには常にそのことを考えます。あれは究極だと思うんですよ。回転を落とした琵琶のビィーンっていう音。あれも一音じゃないですか。一発の音だけで映画音楽としてものすごい効果を生み出している。そのように極端に切り詰められたなかで、強い表現力を出すというのは映画の音楽を書くときの課題だといつも思っています。ただ、並の映画であれをやると音楽のほうが強すぎる。ああいう音を入れられるような映画なんてそうざらにあるものじゃないと思います。

武満徹の電子音楽

——武満氏の作曲された広義の「電子音楽」について、現在の坂本さんはどのように評価しておられますか。

例えば「ヴォーカリズムA・I[25]」なんていう作品は聴いているとむずむずしちゃってね、実はあんまり好きじゃないんですよ（笑）。ただ、川崎さんの書いた「武満徹の電子音楽[26]」を読んで、「愛」という言葉を使ったのはピエール・ルヴェルディという詩人からの影響が関係しているのかもしれないことが分かったし、ミュジック・コンクレートを聴いてもいなかった若いころから、具体音を使った音楽を独自に構想していたことも知りました。

日本最初のミュジック・コンクレートを作った黛敏郎さんですら、武満徹が日本で唯一のミュジック・コンクレートの作曲家だったと認めていた、なんてことも書かれている。ですから、武満さんの電子音楽はたいへん重要だったんだなと思うし、武満さんの尺八やガムランに対する興味も根っこはおなじなんだなと思う。また西洋の楽器を具体音として使いたいという欲求があんなに若いときからあったということも驚きですね。

そう思って聴き直すとなるほどなとは思うんだけれども、いまの耳で聴くとリバーブやディレイなどが当時の音ですから、かなり古臭く感じてしまうんだよね。いま作ったら違うと思うんだけど。ただ、ぼくはミュジック・コンクレートのコンセプト自体はすばらしいと思うのね。そのコンセプトを思いついたピエール・シェフェールはすごいと思うけれども、シェフェールの作品というのはおもしろくない（笑）。

当時、武満さんが黛さんによる初のミュジック・コンクレート「X・Y・Z」[27]を聴いて、具体音楽だけれども音楽的には保守的じゃないか、以前の音楽とおなじじゃないかと感じたという意味のことも書いてありましたけれども、黛さんという人は昔の音楽語法を守って具体音楽を手がけたわけですよね。武満さんがそれを的確に批判したというのはさすがだと思うし、表層的に使われている具体音だけではなく、その背後にある音楽性をきちんと聴き取っているというのもさすがだと思いますね。

いままでのぼくは面倒だから鍵盤を使って作曲していた。ものすごく遅いんだけれども、ここに来て十二平均律などの呪縛からやっと解かれ出したんです。そういう音楽がほとほと嫌になっちゃってね。家に二台あるピアノも一台は調律するのを止めて、どんどん狂っていけばいいと思っているんですよ。塩とか塗って錆びさせたらどうなるんだろうなんて考える。弦の間にコーヒー豆を落としてみるとか、最近はそんなことばかりやっているんです。内部奏法もケージのような繊細なものではなく、石をバーンと転がしてみたりとかね。だから、十歳のときに草月会館で観たような、ああいうところに戻りつつある。あと二十年くらいは生かしてもらって、武満さんを追いかけないといけない（笑）。

あらゆる音楽が平均律を土台にしていて、売られているシンセサイザーだってもちろんそういうものですよね。使っている音楽のソフトウェアにしても拍節構造ありきですから、なかなかそこから抜け出すのは難しい。武満さんもそういうことを目指していたと思いますが、ぼくにとって絵を描くように音楽を作るような手段がやっと整いつつある。だから、いまこそ武満さんとコラボレーションできたらおもしろいと思うんですよね。

（二〇一八年十二月、東京）

註

1 坂本龍一『音楽は自由にする』新潮社（二〇〇九年二月）70～71頁

2 浅田彰、坂本龍一「Dialogue」『水牛楽団 休業』本本堂（一九八四年十月）22～23頁

3 註1、71頁

4 ピアノの変換現代日本の音楽 6 / Japan / LP / 日本コロムビア / OS 10055 J / 1970.3

5 一九六九年二月五～七日　クロス・トーク／インターメディア（国立代々木競技場、東京）

6 サルヴァトーレ・マルティラーノ「L's G. A.」の可能性がある。

7 以下の演奏会においてテリー・ライリーの映像作品「Music with Balls」が上映された。一九七一年六月九日　クロストーク 6（朝日講堂、東京）

8 坂本龍一、谷川俊太郎「武満さんの音楽は１００年たっても残ると思う」『武満徹全集　第3巻』小学館（二〇〇三年四月）234頁

9 註1、63～64頁

10 松平頼暁の「ザ・ミュージック」という作品。

11 註2、27頁

12 坂本龍一「学習団から友人諸君へ!!」『（環螺旋体が製作したビラ）』（一九七五年）

坂本龍一「反権力の音楽生産　環螺旋体設営?」『トランソニック』10号（一九七六年六月）102～103頁

13 坂本龍一「一幕オペラ『ブラック・ミュージックとの出会い』」『音楽全書』4号（一九七七年六月）160頁

14 Yellow Magic Orchestra / Solid State Survovor / Japan / LP / アルファレコード / ALR 6022 / 1979.9.25

15 細野晴臣、坂本龍一、高橋幸宏、田中雄二『イエロー・マジック・オーケストラ』アスペクト（二〇〇七年一月）146頁

16 註2、10～11頁

17 武満徹「カタルーニャ民謡の素朴な力を」『アントニー・ガウディー』勅使河原プロダクション（一九八四年九月）10頁

18 註8、235頁

19 石川セリ／翼　武満徹ポップ・ソングス / Japan / CD / 日本コロムビア / COCY 78624 / 1995.11.21

20 以下の演奏会にて初演された。一九九九年九月四日　LIFE a ryuichi sakamoto opera 1999（大阪城ホール）

21 一九六五年一月六日公開の文芸プロダクションにんじんくらぶの製作／小林正樹の監督／武満徹の音楽音響による映画。

22 一九六二年九月十六日公開の松竹の製作／小林正樹の監督／武満徹の音楽による映画。

23 二〇一一年十月十五日に公開された三池崇史の監督／坂本龍一の音楽による映画。

24 第一話「黒髪」のラストシーン。

25 以下の番組にて放送された。一九五六年二月二十五日　夢の調べ（新日本放送）

26 川崎弘二『武満徹の電子音楽』アルテスパブリッシング（二〇一八年七月）

27 以下の番組にて放送された。一九五三年十一月二十七日　名曲サロン（日本文化放送）、

第五章

一九八四／八五年のメディア・パフォーマンス

聞き手　川崎弘二　松井茂

本本堂

——坂本さんは社会に向かって発信するような表現、例えば出版活動を始めとする音楽に留まらない活動も続けておられます。敗戦後の日本における美術シーンやそれに伴う思想の変遷を調査、研究していると、一九八〇年代以降の坂本さんのご活動はそのなかでも重要な役割を果たしているのではないかと考えるようになりました。まずは坂本さんによる出版社「本本堂」についてお聞きしたいと思います。

基本的に憶えていないですけれども（笑）、一九八四年というのはぼくにとって特別な年なんですね。ぼくだけの思い込みというわけではなく世界じゅうから東京へいろいろなアーティストが来た年でもあって、ぼくは勝手に「パフォーマンス元年」と呼んでいるんです。もちろんパフォーマンスなんていうものはアートの領域で六〇年代から使われていた言葉ではあったけれども、それとはちょっと違う新しい波がそのときに起こっていると感じた。ナムジュン・パイクとヨーゼフ・ボイスが来日したし、[1] ローリー・アンダーソンも来たし、[2] ぼくが音楽を提供したコンテンポラリー・ダンスのモリッサ・フェンレイも日本に来た。[3] フェンレイをパフォーマンスと言っていいかどうかは分かりませんけれども、一九八四年はいろいろなことが起こった年だったんですよ。

一九八四年に本本堂を始めたわけですが、ぼくは本屋の息子なんですよね。父が書籍の編集者だったので、ぼくは本に囲まれて育った、というか本の背表紙を見て育ったんですけれども、一九八〇年代には既に本というものは古くさいメディウムというか、本をメディアとして捉える意識すら一般的にはなかったと思うんです。その古くさいものだと思われていたものを、パフォーマンスという大きな、ちょっと訳の分からない茫漠とした概念のもとで眺めてみると、とてもおもしろいパフォーマンス・メディアになりうると思ったんです。

いまでこそ電子タブレットのような閲覧のためのデバイスがありますけれども、当時はなかったわけですね。ただ、そういったデジタル化の波は予感されていて、ぼくもそういった時代が来るであろうことを完全に予感していました。いずれデジタルの時代が訪れ、紙を使った本というものもなくなるかもしれない。しかし、デジタル的なインターフェースというものは、当時はもちろん、いまでも若干そう感じますけれども非常に使い勝手が悪い。デジタルの方向から紙の本を眺めてみると、これはいいインターフェースだという直感があったんですね。

まだインターネットもないころですが、本というデバイスは閲覧性も優れているし、後ろから読んでも前から読んでもいいし、飛ばして読んでもいい。あるページを読んでいるときに、パッと目次を見ることだってできる。とてもアクセシビリティが高いメディウムなわけです。そして、紙というものは五千年だって残るだろうけれども、ハードディスクに記録されたデータなんてものは何年かで消えてしまう可能性がある。本というメディウムのいいところをあのころにいろいろと感じたんですよね。だから本で遊んでやろうと思って本本堂を始めたんじゃないかな。

——一九八四年に本本堂が設立されたとする資料が多いのですが、一九八三年六月に思索社から発行されたカセット・ブック「Avec Piano」には編集協力として既に「本本堂」のクレジットがあります。

本本堂は「Avec Piano」のころにはもう始まっていたのかな。あれはカセット・ブックというものでしたね。そういった形式が当たり前のものになり、しばらくすると消えていってしまいましたけども、あの時点では本というメディアと音楽を収録するカセット・テープとが合体しているというのはとても珍しいことでした。

——本本堂という名称は糸井重里氏の発案によるものであると当時のインタビュー[4]で発言しておられます。

そうでしたね。箱根の温泉に一泊で旅行に行ったんだな。ぼくは「本屋をやろうと思っているんだ」と初めて糸井さんに言って、「名前を考えてよ」と頼んだら、その場で「本が二つで、本本堂がいいんじゃないか」って。いい加減なネーミングでしたね（笑）。おもしろかったのは「エピステーメー」[5]という雑誌があったでしょう。ぼくも好きでよく読んでいたんだけれども、中野幹隆さんという方が編集長をされていて、もう亡くなられてしまいましたがとても興味深くておもしろい方だった。なぜかぼくは彼と仲がよくて、あるとき中野さんと話をしていて「ちょっと出版社をやろうかと思うんです」と言ったら、彼は汗びっしょりになって「それはたいへんなことですよ」と途端に緊張しだして、それまで何年か禁煙していたのに「煙草を吸わせてください」と言って煙草を吸いだしたんですよ。出版プロパーの人からすると、ぼくのような存在が本で遊んでやろうなんていうのはそうとう刺激的なことだったのかもしれません。

——本本堂の設立にあたって、お父様にはご相談されましたか。

あり得ません。怒られます(笑)。

——本本堂の多くの書籍では、義江邦夫氏が編集を担当されています。

編集を始めとして著者との連絡などの実務は、すべて義江さんがやってくれたんですよ。すばらしいフリーの編集者で、どうやって知り合ったのかよく憶えていないんだけれども、ぼくとは完全に同じ世代なんです。ぼくは新宿高校でしたが、彼は同じ学年で戸山高校ですね(註・本書の編集の際に確認したところ、義江は一九四七年生まれで東京都立大学附属高等学校の出身)。ぼくは思いついたことを片っ端から義江さんに言うだけで、それが実現可能なのかということについては彼の判断も加わっていたと思います。

——当時の坂本さんのご発言を確認すると、本本堂は①出版に対する関心、②自分のメディアを作ること、③メディア・パフォーマンスの場を作ること、といったご興味がミックスされて設立に至ったものと思われます。

でしょうね。ぼくが子供のとき、父は昔気質の編集者でしたから、家にも生原稿を持ち込んで徹夜で校正している姿をよく見ていたし、原稿を扱うだけではなく、どういう判型でどういう紙を使って製本するかという本全体の装幀を決めるようなこともやっていました。昔の編集者というのはそういう存在だったのかもしれない。いまなら出版社にデザイン部があったりするのかもしれませんが、父の時代には編集者が装幀まで手がけていたせいか、ぼくは本の内容よりもガワというか、内容と同じくらいかたちとしての本というものに興味があります。ぼくはかたちから入るのかな。匂いとか、どのように製本されているのかとか、紙の質とか、文字の大きさとか、段組とか、そういうことが気になっちゃうんだな。

――当時のマスコミによる報道のありかたに不満があったので、ご自身でコントロールできるメディアを持とうという意識はございましたか。

そんなものはないです(笑)。もともとマス・メディアはあまり信じていませんからね。まあ、レコード・レーベルを運営するように出版社を立ち上げたという意識はあったかもしれない。時期的にぴったり合うかどうか分からないですけれども、音楽は七〇年代の終わりから八〇年代にかけてディコンストラクションが強く起こったと思うんです。つまり、イギリスを中心として音楽のニュー・ウェイブと言われるものがアメリカからもドイツからも、そして、ヨーロッパの国々からも出てきたという解体の時期でもあったわけです。

音楽の解体ということで言うと、いまでもそうだけれども誰かが作って完成した音楽、つまり、完結してできあがってしまった音楽を人々はただ聴き、消費しているわけなんですよね。それではつまらないから、例えばドラムの音だけといった音楽の部品を売って、聴き手がそれらを自由に構成できるようにしたらどうかなんてことも考えていました。現在はインターネットのおかげでそういうことが簡単にできるようになりましたし、誰でも思いつくことかもしれませんけれども、当時はそんなことをやろうとしている人は少なかったんです。

――一九八四年五月には本本堂からの最初の出版物として、高橋悠治氏との対話による「長電話」が出版されています。電話越しでの高橋氏との対話を、ノーカットで収録するというのは坂本さんのアイディアだったのでしょうか。

はい。高橋悠治さんは小さいころから憧れていて、小学生のときに草月会館で行われた悠治さんと一柳慧さんの実験的なコンサートを見に行って[6]、衝撃を受けたんですね。それは「これだったら、俺でもできそうだ」というまちがった衝撃だったんですけれども(笑)、ぼくはそれ以来の悠治さんのファンで、大学に入学した年にちょうど悠治さんが一時帰国していたので[7]、伝手を頼って会いに行ったこともありました。悠治さんは長く海外に住んでいたけれども、その後、日本に帰ってこられて[8]、悠治さんが講師をしていた私的なセミナー[9]に参加するなどぼくにとってはずっと追いかけていた存在だったんです。

ですから、悠治さんとは一度しっかり話し合ってみたいと思っていたわけです。そして「長電話」では雑談もすべて文字起こししていて、二人が閉じられた空間で長電話をしているというのは誰も見ていないんだけれども、その全体を演劇的に公開する、パフォーマンス的に公開する、という行為として本を作ろうとしたんだと思います。それはどこかのステージでやってもよかったのかもしれないですし、もしかするとそういう案もあったかもしれない。

うろ憶えですが長電話するなら石垣島まで行って、そこのホテルの別々の部屋にこもってやろうって言い出したのは悠治さんだったような気もします。ずいぶん経費はかかりますけれども、それはおもしろいっていうふうになったんじゃないかな。まあ、電話で話したというのはお互いに恥ずかしがり屋ということもあるし、すくなくとも僕は悠治さんの目を見て話しづらかったということもあります。悠治さんもあまり目を見て話さない人ですしね。

――一九八四年十月には浅田彰氏と坂本さんの編集により本本堂から「水牛楽団 休業」というカセット・ブックが刊行されています。このころに水牛楽団は一旦活動を停止しており、このカセット・ブックはそれまでの水牛楽団における高橋悠治氏らの活動をまとめるということが狙いだったのでしょうか。

そうですね。ぼくも水牛楽団には興味があったし、誰もまとめていなかったと思うのでそれを作ったということかな。草月のころは前衛だった高橋悠治という青年が、アメリカから帰ってきたらヒッピーのような格好をしていたんですよ。髪の毛はガサッと長くて、パンタロンみたいなズボンを穿いてね。そして、しばらくしたら今度は毛沢東主義者になって水牛楽団を始めた。すごいじゃないですか。嵌まってしまうととことんまで追求する人だけれども、止めるときは簡単に止めてしまうところもある。その変貌がおもしろいなあと思ったし、言っていることも書いていることも非常に刺激的でおもしろい。どこまで悠治さんは本気なのかなと思う部分もありましたけれども、やはり悠治さんを尊敬していたから「休業」を作ったということになるんでしょうね。

――一九八四年十一月には「本本堂未刊行図書目録」が朝日出版社から刊行されています。十人のアーティストやデザイナーの装幀による、刊行されていない本の目録を出版するというのは坂本さんのアイディアだったのでしょうか。

はい。十人のデザイナーたちもぼくの人選です。ぼくがコンタクトをした人もいるかもしれないけれども、基本的には義江さんがやってくれたんだと思います。出版不可能な本の目録をとにかく作ってやれと考えたんですね。そして、目録に載っている本を、実際に作ってしまう人間がいればすばらしいと思って期待していたんですよね。本という物体のおもしろさはその物体の存在する空間も含んでいて、もの派ではないですけれども、どのようにモノが空間に存在しているのかということに対する興味が強かったんじゃないかな。

「未刊行図書目録」にはどんどん黴びていく本というアイディアなんかも載っていて、ずいぶんあとになってマルタン・マルジェラというファッション・ハウスが洋服に黴を付けて、それが増殖していくといったアイディアを実践していて、なぜか嬉しかったですね。ですから、誰かが「未刊行図書目録」に載ったアイディアを実際のかたちにしてくれないかなと思っていたんですけれどもね。

——一九八五年四月には書籍版の「音楽図鑑」が本本堂から刊行されています。こちらの本は最後の坂本さんによる曲目解説以外、寄稿された文章を通読することはかなり困難です。テキストもデザインの一部となってしまうような本のありかたには、坂本さんの意向も反映していたのでしょうか。

そうですね。いまレコードの「音楽図鑑」を聴くと、時間をかけてよくもこんなものを作ったなあという印象はありますが、ぼくとしては普通の曲が並んでいるというだけなんですね。しかし、作っている当時は解体と再構築という意識が強くて、同時に作製していた書籍版のほうもそういう気持ちで作っていたんです。まあ、実際には無理かもしれないですけれども、レコードと紙による本とが入れ子状態のようになるといいなあ、お互いが浸透し合って、しかも影響し合うようなことができたらいいなあ、と思いながら両者を作っていたんじゃないかな。

——「イン・ポケット」誌の一九八四年一月号から八五年一月号にかけて、浅田彰、柄谷行人、河合雅雄、蓮實重彦、山口昌男、吉本隆明氏らとの鼎談を村上龍氏と行っておられます。そして、この連載は一九八五年十一月に本本堂の「企画編集」により「EV. Café」として講談社から出版されています。

ドゥルーズ＝ガタリの言う横断、つまり、トゥリー状ではなくて根茎のように繋がっていくというコンセプトを音楽でもやってみたい、どうすればそういう音楽を作ることができるんだろう、なんてことはいつも考えていました。ですから、悠治さんが刺激的であったのと同じようにこうした方々とのお話しもとても刺激的でしたね。音楽の方面に適用するのはうまくいかなかったかもしれないですけれども、九〇年代のヨーロッパにはMille Plateaux[10]なんていうレーベルもできましたよね。あの時代の現代思想から刺激を受けたミュージシャンは、世界じゅうにたくさんにいたと思いますよ。

——その後の本本堂の出版物としては、一九八五年十二月のデイヴィッド・シルヴィアン「写真日記」、八七年二月の玖保キリコ「キリコのコリクツ」、そして、八八年四月の写真集「ラストエンペラー」などがあります。

だんだん普通になっていっちゃうんだね（笑）。「未刊行図書目録」が好き過ぎて、これを作った時点でもう実際に本を作って現実化しなくてもいいかなという気持ちになっていたと思います。さっきも言ったように、誰かがそこに載っているアイディアを実際にかたちにしてくれるのを待ちたいという感じでしたね。しかし、せっかく作った出版社ですからすぐ潰すというわけにもいかないし、印税を支払うような事務的な仕事もあるので、出版社としてはそのまま置いておいて、ぼくの仕事に関連するような本を作るというアイディアが出てくれれば、例えば「ラストエンペラー」の写真集に関わるというような流れになっていきました。ですから、本本堂は出版業界に殴り込みをかけて（笑）、しばらくしてそこからさっと手を引いたということになるんですかね。

——同時期に高橋悠治氏らは「水牛通信」[11]というミニコミを出版していますが、本本堂は「水牛通信」に呼応するという意識はございましたか。

いや、ないですよ。水牛通信に日記を連載したのも単に頼まれたからですね。ミニコミ的なメディアに興味はあまりなかった。自費出版のようなものは六〇年代の終わりくらいに、新宿の道端で黒いジーンズを穿いて座っている自称詩人の女の子が詩集を売っていたり、そういった詩集がジャズ喫茶に置いてあったりとたくさん目にしましたし、手に取ったりもしました。そのなかでいちばん憶えているのは山下洋輔さんの「ブルー・ノート研究」[12]ですね。洋輔さんが小泉文夫さんに影響を受けて、ブルー・ノートを研究した自費出版の小冊子があったんですよ。それはいまでも持っていると思うんだけれども、ぼくにとってそういったものは身近にあるものという認識で、とくに自分でやろうという必要性は感じていなかったです。

——本本堂の初期には一九八三年九月に「構造と力」を上梓された浅田彰氏が参加しておられます。その後、浅田氏とお仕事をされるようになったのは本本堂での関わりが大きかったのでしょうか。

そうですね、きっとね。悠治さんをお呼びして二人でインタビューをするなど、水牛楽団のカセット・ブックは浅田さんとほぼ二人で企画したような感じですね。それ以前はさほど浅田さんと関わることがなかったような気がします。初めてお会いしたのは「構造と力」が出版された直後で、「ああ、これが噂の浅田少年か！」と思いました。彼がいればコンピュータなんていらない。だからぼくは「一家に一台、浅田彰」なんて標語を勝手に作りました（笑）。

パフォーマンス

——一九八四年六月には坂本さんの「カバーフォーマット」によるノートブック「BLANCHE」が本本堂から発売されています。

「BLANCHE」の装幀は、さきほどお話しした「長電話」とほぼ同じになっていて、「BLANCHE」というタイトルからも分かるように中身がないんです。「未刊行図書目録」に近いアイディアですけれども、文字は書かれていなくて、書籍のようなガワだけを作ったわけですね。そして、こういった本を出版することもパフォーマンスだけれども、本を使ったパフォーマンスもしてやろうと考えたんですよ。それなら本を持って踊ってもよかったんですが（笑）、ぼくは踊りがうまくないので、渋谷のＰＡＲＣＯの壁に「長電話」の表紙を何百枚かベタベタ貼るという行為によるパフォーマンスをやりました。ほとんどの人は見ていないんですけれどもね。

——その「The Grey Wall」と題されたパフォーマンスでは、一九八四年五月十六日に三百七十一枚の「長電話」の表紙が七時間かけて壁面に貼られたようです。

そんなにかかっていましたか。まあ、内容としてはどうでもいいものですね（笑）。チラッと一回見れば充分なもので、資源の無駄というか、贅沢をさせていただいたパフォーマンスです。

——「本本堂未刊行図書目録」に収録された浅田氏との対談において、「六〇年代のそれとちがうのは、ハプニングにしても必ず暴力とか血とか何かに対するアンチだったのね。非常に似たような形態でやっているんだけど、八四年以降のパフォーマンスっていうのは、何かのアンチではないわけです[13]」と発言しておられます。つまり、当時の坂本さんは六〇年代的ではないパフォーマンスをやりたいという意識をお持ちだったということになるのでしょうか。

そんな大それた気持ちでもないですけれどもね。さっきもパフォーマンス元年と言いましたが、一九八四年には違う次元とまでは言えないけれども、六〇年代に行われていたハプニングとはすこし違ったパフォーマンスをする人たちがたくさん日本へ来たんです。例としてローリー・アンダーソンが分かりやすいかな。ローリーは六〇年代のアヴァンギャルドの蓄積のうえに独自のスタイルを作り出して、八〇年代には知られるようになっていったわけですけれども、彼女のステージを観ると完全にマルチメディアというかミクストメディアのパフォーマンスだったんですよね。

ぼくは一九八四年に来日したローリーと対談[14]したことがあって、彼女はぼくのやっていることも知っていて、「あなたは音楽のなかにぜんぶを入れようとしているのよね」と印象的なことを言ったんです。つまり、ぼくは音楽ですべてを表現しようとしているけれども、ローリーにとって音楽は要素の一つにしか過ぎなくて、ビジュアル的ないろいろな要素も使って一つのことを言おうとしている。あなたとはやりかたがずいぶん違うという意味のことを言われたんですね。

ぼくとしては音楽のなかにすべてを盛り込んでいるとは思えないんですけれども、もしかするとかなり適確な指摘なのかもしれない。ただ、彼女はそういう意識でパフォーマンスをしているんだということを、はっきりと言っていました。確かに六〇年代の終わりにもミクストメディアという発想が現れていたけれども、ステレオタイプかもしれませんが裸になったり生きたニワトリを食べたりするようなハプニング的なパフォーマンスと、ローリーのパフォーマンスとはかなり次元が違うような気がします。

ビデオ・アート

――一九八五年に坂本さんはビデオについて「簡便さと早さ。何回も消せるし、撮ったらすぐに見ることができる。生活の中の行動のリズムと表現が一体になれるというのは、大きな魅力だよ[15]」と述べておられます。

あまり憶えてないなあ。ただ、ビデオは自分でもよく撮っていたと思います。

——さきほどお話しに出た「The Grey Wall」においても、「長電話」の表紙を壁に貼る作業がビデオで撮影されていたようです。こうした映像も本本堂のようなメディアから、ビデオ・ブックなどとして刊行する構想をお持ちだったのでしょうか。

うん、もちろんそうです。本もそうだし、肉体を伴ったパフォーマンスも、ビデオというメディアやビデオ・アートも、そして、音楽といったものもほとんど同じようなものとして関連付けて捉えていました。一九八四年はパイクさんと初めて会った年でもあって、悠治さんと同じでパイクさんも高校生のころからかっこいいなあと思っていた人なんです。一九八四年には東京都美術館でパイクさんのレトロスペクティブが開催されて[16]、ご挨拶に伺ったんですよ。

そうしたらサスペンダーをしたあの格好で向こうから歩いてこられて、「友よ、遠方より来たる」と言われて、初対面でしたけれどもハグしてくださったのはとてもうれしかったですね。滞在中にパイクさんとは何度も会ってお話しをしたし、パイクさんのお話しを録音して、その一部を「音楽図鑑」に収録する曲に使うなんてこともしました[17]。そして、二人でビデオを作ろうという流れになって、その年にはニューヨークにあるパイクさんのロフトまでお伺いすることになったんですよね。[18]

——お二人のコラボレーションは一九八四年十二月に「All Star Video」としてCBS／ソニーから発売されています。ヨーゼフ・ボイス、ジョン・ケージ、マース・カニングハム、そして、アレン・ギンズバーグといった「オール・スター」たちが登場するという構成は、パイク氏からのアイディアだったのでしょうか。

それはパイクさんのアイディアですね。

——一九八四年八月には雑誌の特集のため十日間ほどブラジルに行かれています。[19] 坂本さんはパイク氏から『あんた、自分で撮んなきゃ駄目よ』とかいわれて、ブラジルまでビデオ持っていって撮影してきた[20]」と発言されています。しかし、このときに坂本さんが撮影した素材は「All Star Video」に使われていないようです。

ブラジルで撮影した素材は使われていないいんじゃないかな。恥ずかしくてパイクさんには見せなかったと思います。やっぱり巨匠には見せられないでしょう（笑）。こうしたビデオはおそらく自分のためだけに撮っていて、公開しようという気はなかったんじゃないかな。パイクさんからビデオを撮りなさいと言われたことは憶えていないけれども、そのエピソードから思い出すのはパイクさんが亡くなったときにニューヨークで行われた、ぼくも参加したお葬式のことですね。

　お葬式にはたくさんの人が来ていて、もちろん奥様の久保田成子さんもいらっしゃって、いろいろなスピーチなどがあって、最後にお別れですと柩が出て行くまえに、そこにいたネクタイをしている男性はそのネクタイをハサミでちょん切って柩に入れようということになった。[21] 幸いなことにぼくはネクタイをしていなかったんですが、その狭いスペースには何百人もの人がいて、彼らはエルメスのような高価なネクタイを次々に切られ、それを柩に入れてパイクさんを送り出したんです。

　ほとんどの方々がお帰りになったときに、成子さんが「坂本さん、パイクの最後の作品があるのよ」って言うんです。成子さんの隣にはアフリカ系の女性がいて、彼女はパイクさんがフロリダで療養していたときの看護師さんだったんですね。彼女はパイクさんに刺激され、ビデオ・アーティストになったそうなんです。成子さんは「彼女がナムジュンの最後の作品なのよ」とおっしゃっていて感動したんですけれども、ぼくにもブラジルに行くんだったらビデオを撮らなきゃダメだと言っていたということは、いろいろな人にそうやって勧めておられたんでしょうね。

——一九八四年十月にリリースされたレコード「音楽図鑑」では、立花ハジメ氏のディレクションによるビデオ「羽の林で」が製作されています。ビデオ作品を作ることには興味があったということでしょうか。

そうですね。ぼくはビジュアルの才能はぜんぜんないんですけれども、ビデオは絵を描くのとはちがって時間的な持続がありますから、そこで音楽的な感覚、つまり、リズミックな感覚や時間の構成といった、音楽のフィールドで感じていることが使えますよね。もちろんそれらは同じである必要はないんですけれども、編集のときにはいろいろ口を出したくなるんですよ。ここで速度をウワッと変えようとか、ここには違う要素を入れようとか、ここはうんと遅くした方がいいんじゃないかとか言いたくなる。それが正解なのかどうかは分からないですけれども、ぼくなりのそういう欲求があるんでしょうね。それは音楽を作ることにとても近いと感じているんです。ビデオのエディターとして、ぼくはちょっとおもしろいことができていたのかもしれないですね。

――一九八五年二月にリリースされたシングル「フィールド・ワーク」のためのビデオはトーマス・ドルビー氏が監督をしています。ビデオ・アート的な「羽の林で」と比べて、「フィールド・ワーク」は映画的なビデオになっています。

「フィールド・ワーク」のビデオはトーマス・ドルビー任せだったんですよ。四、五分の短いものではあったけれども、ちゃんとストーリーがあり、アメリカで普通の映画を撮っているクルーがいて、ロケーションもして、何日かかけて映画のように撮影しました。彼からそういうアイディアを出されたときは驚いたけれども、彼に頼んだ以上は反対できないので、まあ、やってみようかといった感じでしたね。というのもトーマスが考えていたフィールド・ワークと、ぼくが思っていたフィールド・ワークはかなり違っていたんですよ。

そのビデオは生き残った日本兵をフィールド・ワークするというストーリー仕立てのもので、それはあまり意味がないような気がした。ぼくがイメージしていたのは「音楽図鑑」にもいっぱい出てきた、象や粘菌といったそういう対象へのフィールド・ワークですね。自然のなかの神秘というか、そこに分け入るというようなことを考えていたんですけれども、そのころのぼくはまだあまり英語ができなくて、きっとコミュニケーション不足だったんだろうと思います。

――一九八九年には「ここだけの話、ビデオってあんまり好きじゃないんですよね。何か残らないような気がするの、メディアとして。（略）フィルムのほうがずっとローテクなんだけど、不思議なことにクオリティが高いんだよね[22]」と発言しておられます。坂本さんのビデオに対する関心は、急速に薄れてしまったということになるのでしょうか。

いや、いまでもビデオなりのおもしろさ、フィルムとは明らかに違うビデオの画質のおもしろさというものはあると思いますよ。ただ、やはりフィルムのよさというものは捨てがたくありますよね。

――MIDI／SCHOOL――

――一九八四年九月にはＲＶＣのレーベル「Dear Heart」と、新しく作られた「ＳＣＨＯＯＬ」というレーベルを擁した株式会社「ＭＩＤＩ」を設立されています。当時の記事においてＳＣＨＯＯＬは坂本さんと高橋鮎生氏が中心となっていると記されたものもあります。

鮎生さんは悠治さんと一緒にニューヨークに渡られていて、かなり小さいころからジミ・ヘンドリックスのライブを観たりされているすごい人なんですよね。ジミヘンとヴェーベルンが混在していて、しかも父親が高橋悠治という環境で育ったおもしろい存在だった。最初に会ったときはまだ十六歳くらいだったのかな。日本に帰ってきてすぐくらいの日本語もたどたどしいころで、父と子の関係なんかも垣間見てしまって、本人たちにはもちろん言ったことないですけれども勝手に胸を痛めたりしていたもので、どういう音楽をこれからやっていくにしてもサポートしてあげたいなと思ったんじゃないかな。

レーベル名のＳＣＨＯＯＬというのは「学校」ですよね。ぼくは小学校から大学までずっと公立というとても親孝行な子供だったんですけれども（笑）、学校という場所は階級や背景も違うし、親の職業も違っている子供たちが強制的にポンと集められて一緒に過ごすわけですよね。そこでいろいろな交流が生まれるわけです。学校で習った勉強なんてほとんど憶えていないけれども、一日に六、七時間も一緒にいた友達との交流から得たことが自分のほとんどを形成しているんじゃないかとさえ思うんですよね。

普通、レコードのレーベルというと、テクノだったらテクノのアーティストだけが集まっているような非常に狭い囲いなんですよね。いまでもそうだと思いますけれども、「あのレーベルは何系だ」なんて言ったりするじゃないですか。そういうことが嫌で、学校のようにいろいろな人がいて、別の学校に進んだとしても仲のいい子とは繋がっていて、興味が離れるときもあるけれども何十年かしてまた会ったりする。つまり、学校という場所でネットワークの種みたいなものが生まれるわけじゃないですか。そういう気持ちでSCHOOLという名前を付けたんだと思います。

まあ、そういうふうになればいいなあと思って作ったんですけれども、実際はたいしてそうはならなかったんですよ。周りに声をかけて、参加してやろうという人は参加してくれたという感じでしょうかね。もっとごちゃごちゃにいろんなアーティストが集まってくれたらよかったんですけれども、なかなかそうはならなかった。ほとんど同じような発想で、二〇〇〇年代にもcommonsというレーベル[23]を作ったんだけれども、やっぱり実際にはそれほど集まってくることはなかった。残念ながらね。

――MIDIという社名にはどういう意味があったのでしょうか。

MIDIというのは電子楽器で使われる規格でもあるし、フランス語では正午という意味ですよね。正午は午前と午後のちょうど真ん中にあって、それらを繋いでいるポイントでもあるわけじゃないですか。そして、音楽のほうのMIDIはコンピュータとシンセサイザーを繋いだり、シンセサイザー同士で情報をやり取りしたりするネットワークの規格ですよね。そういう両方の意味があるので、いろいろなものを繋ぐ情報のネットワークのような存在になればいいと思っていたんじゃないでしょうかね。

――一曲の作品ができたらすぐにそれをリリースする「月刊サカモト」のような、スピードを重視したレーベルの運営も構想されていたようです。

そうですね。カセットブックではないけれども、異なるメディアを連関させて同時に展開するというようなことをやりたかったんでしょうね。レコード会社の硬直した販売のやりかたのようなものを壊したかった。リアルタイムに近いかたちでリリースするというのは、現在は可能性があると思いますけれども、残念なことにいまのインターネットはほぼ企業にコントロールされてしまい、キャピタライズされてしまっているところが残念ですね。インターネットには使えていない可能性がたくさんあるような気がします。

スピードを重視した運営という発言も憶えていないけれども、ぼくは六〇年代からバロウズやティモシー・リアリーが好きだったので、常識的な社会を突き抜けようとした彼らからの影響もあるんじゃないですかね。もうおじいちゃんだったですけれども、ティモシーとは一度会いましたよ。彼から「君は日本人だろ。まだ二十代の若い日本人で、ヴァーチャル・リアリティの3Dパークを作ろうとしている若い奴がいるから、絶対に会ったほうがいいよ」と勧められて、それが元MITのメディアラボの所長をされている伊藤穰一さんだったんですね。伊藤さんはニューヨーク・タイムスのボード・メンバーでもあったりするものすごくメジャーになってしまった人ですけれども、彼にとってはティモシーがメンターのような存在ですから、根っこの部分は変わっていないと思います。彼はかなりサイバーパンクな人間ですよ。

マルチメディア・パフォーマンス

――一九八四年十二月二十二日にNHK-FMから如月小春氏とのコラボレーションによるラジオ・パフォーマンス「ライフ」が放送されています。坂本さんは「DJ番組だかラジオ・ドラマか判らない現実と虚構が交錯したものをつくろう[24]」としたと発言しておられます。ラジオというメディアを使って、実験的なことをやってみようというお考えだったのでしょうか。

いろいろなメディアをぶっ壊すということではなくて、むしろ解体するっていう感じだったんじゃないかな。築き上げるという感じでもないし、如月さんも演劇というものを解体しながらどう作り変えていくのかということをやっていた人だと思うので、その点で彼女とは波長が合ったということになるんじゃないかな。そのあとにやった「マタイ1985[25]」という舞台は悠治さんの企画だったと思うんですけれども、悠治さんが如月さんを始めとするいろいろな方に「バッハの『マタイ受難曲』で遊んでみない?」と声をかけて、それで集まってみたという感じですね。

——一九八五年九月十五日には筑波で開催されていた国際科学技術博覧会の会場において、SONYのジャンボトロンという巨大なテレビに映し出されるラディカルTVの映像を伴った「TV WAR」というパフォーマンスを行っておられます。

まず、ジャンボトロンという存在がおもしろいんですよ。つくば万博でSONYのパビリオンとして作られたビルが、そのままテレビになっているんですよね。何階建てぐらいかなあ、テレビの部分だけでも八階ぶんくらいかな、かなり大きいんですね[26]。丘の上にテレビがあって、ずいぶん遠くからでもそこに映った映像が見える。近寄っていくとほんとうに高いビルなんです。これを企画した黒木靖夫さんという方がSONYにいらして、彼はウォークマンの生みの親のような存在で、SONYのなかでは有名な人だったんですよ。

　つくば万博の期間は半年くらいあったのかな。[27] 万博が終わったらあの大きなジャンボトロンはどうなるんですかって聞いたら、壊すんだよって言われたんです。そもそも建てるときに爆薬を仕掛けてあって、爆破できるように作られている。しかし、SONYとしてもせっかく作ったわけですから壊したくなくて、どこかに売れないかとあちこちに声をかけたそうなんです。ユタ州にあった巨大な宗教団体とか、ジャンボトロンをニュージャージー側に置いて、ハドソン川を挟んでニューヨークからテレビが見えるようにするとか、テキサスの巨大な大学のキャンパスの丘の上に置いて、キャンパスの連絡事項がそこにダーッと表示されるとかね。

　いろいろなところに声をかけて興味を持ってもらったんだけれども、メインテナンスにものすごく費用がかかるんだそうです。蛍光表示管だってひとつひとつがこんなに大きくて、それがビルの八階建てぶんくらい重なっているわけです。こんな巨大な装置は自然のなかに置くしかないから、鳥や蛾がぶつかってきてしまう。夜になると昆虫がぶつかってきて蛍光表示管がすぐに壊れてしまい、朝が来るたびにそれを修理しなきゃならない。ものすごくお金がかかるのでどこも買ってくれないから、最終的に博覧会が終われば壊そうという判断になりましたと言うんですね。

　だったら爆破する前に壊れるほど使い倒してもいいですかと尋ねたら、「いいですよ、それはおもしろいですね」ということになり、それで「ＴＶ ＷＡＲ」ができることになった。ですから「ＴＶ ＷＡＲ」ではジャンボトロンがほんとうに壊れるまで使ってやろうと思いつつ、見上げるとジャンボトロンの全貌が見えないぐらい近くの直下に仮設ステージを作り、巨大な画面を見ながら音を出したりビデオをいじったりしたんです。

そして、ラディカルＴＶといういま多摩美で教えておられる原田大三郎さんと、もう一人、庄野晴彦さんによるビデオ・ユニットが映像を担当してくれた。ビデオ・ユニットというのも当時としては珍しいですよね。とてもおもしろい映像を作っているなと思い、ぜひ彼らとやりたいということになって三人でライブをやったんです。そのときはポール・ギャリン、キット・フィッツジェラルドといったパイクさんの弟子たちがニューヨークから何人か来て、彼らはライブでビデオを構え、ライブ・カメラからの映像も要素のひとつとしてジャンボトロンに映し出したり、リアルタイムでエフェクトをかけたりしていました。

ＩＣチップの性能がよくなって、リアルタイムで映像にエフェクトをかけたり、ライブ・カメラからの映像をミックスしたりといった、音楽のＤＪのようなことが映像でもできるようになったということですよね。そこが大きいんですよね。それまではリアルタイムではできなかったか、あるいはできていたのかもしれないですけれども、それをライブという場に持ち込んだという意味ではラディカルＴＶという存在が先駆者であったということなんだと思います。

――ジャンボトロンは壊れなかったんでしょうか。

壊れなかったですね。ぼくが子供のころにあった漫画の「鉄人28号」を思い出して、正太郎少年がコントローラーで鉄人を操縦するような気分でした。装置をガチャガチャッと操作すると、ものすごく巨大な画が目の前でガガガッと変わるわけですよね。正太郎少年の気分になってとても楽しかったです。

――一九八四年一月一日に放送されたパイク氏のサテライト・アート「Good Morning Mr. Orwell」は「All Star Video」と近似した傾向の作品ですが、「TV WAR」の約一年後に放送されたパイク氏のサテライト・アート「Bye-Bye Kipling」ではリアルタイム性が重視されていると思います。つまり「TV WAR」はパイクを先駆けていた面があったのではないかと考えています。

そんな大それたことを言わないでください（笑）。お墓に行って手を合わせなければならなくなってしまう。

――一九八五年十月にはレコード「エスペラント」がMIDIからリリースされており、八五年十一月にはこちらの音楽を使ったモリッサ・フェンレイとのコラボレーションによる舞台「エスペラント」の日本公演[28]が行われています。「エスペラント」では全面的にサンプリング・マシンが使用されています。

サンプラーの登場というのはほんとうに大きな変化でしたよね。Fairlight CMIという電子楽器は高級車一台以上の値段でしたからなかなか買えなかったんですけれども、そのあとは何桁も安いサンプラーが出てきて壊れにくくもなりましたね。ライブですとステージ上で壊れてしまうとそこで終わりなので、ライブではなかなかサンプラーを使えなかった。いま松井さんの机の上にあるAppleのラップトップのコンピュータも、ステージで使えるようになったのは二〇〇〇年以降のことですかね。それまではしょっちゅう止まったりしていましたから、怖くてライブでは使えなかった。[29]

フェンレイのための音楽はどういうダンスになるのかも知らずに、100パーセント自分勝手に音だけを作って、長さも適当でしたし、タイトルの「Dolphins」や「Adelic Penguins」なんていうものも自分で付けて、彼女のほうにドサッと渡しただけなんです。ソロ・アルバムに近いですよ。ただ、向こうのコレオグラフィーがどのようなものなのか分からないですから、渡すときには好き勝手に編集していいよと伝えました。順序も自由でいいし、途中で切って繋げてもいいし、ダンサーたちの時間的な決まりはあらかじめ知らされていないわけだから、もう好きにしてくださいという感じでした。

ただ、ぼくは彼女の来日公演のときにライブで音を出していたんですよね。そうそう、それをたまたま東京にいたフェリックス・ガタリが見に来てくれていて、ダンスは保守的だったけれども、音楽はよかった、だから目をつぶって聴いていたんだよといった意味のお褒めの言葉をいただきました（笑）。

——一九八五年九月にはパブリック・イメージ・リミテッド（P-I-L）のレコード「Album」のレコーディングのためにニューヨークに行かれて、帰国後には「もうやさしい環境音楽とはおさらばして、ロックしないと[30]」と発言しておられます。

ぼくは二年前に「async」というアルバムを作りましたけれども、あれにいちばん近いのは「エスペラント」ではないかなと思っているんですね。「エスペラント」というのは当時としてはおもしろい音楽だったと思うんですけれども、あのまま二十年か三十年ほどやり続けていたら、かなりおもしろいところまで行けたんだろうなあ、失敗したなあと思いましたよ（笑）。どうしてあそこで止めちゃったのかというと、やっぱりＰＩＬのせいなんですかね。

ＰＩＬのニューヨーク・レコーディングはとても刺激的で、偶然に山下洋輔さんたちもニューヨークでレコーディングをしていたので合流したんです。ＰＩＬのジョン・ライドン、あのセックス・ピストルズのボーカリストが飲み屋で洋輔さんと激論している。洋輔さんは「ボーカリストは神だ！」なんて言うと、ジョンは「冗談じゃねえ」とか叫んでもう滅茶苦茶な状態（笑）。しかも「いまローリング・ストーンズがレコーディングしているから、みんなで押しかけようぜ！」なんて言う奴がいて、七、八人でどやどやとスタジオまで行ってみたけれども、もちろん本人たちはいなくてエンジニアが一人で黙々と編集していただけだったとか、もう酔っ払っててんやわんやな珍道中でした。

夜が明けて「いまから洋輔さんの部屋に行こうぜ！」と洋輔さんのホテルの部屋になだれ込んだら、旅行先にはピアノなんて持っていけないので、そこにはピアニカが置いてあった。そのピアニカを酔っ払ったぼくが勝手に取り出して、そのへんにあった譜面を開いたらたまたまセロニアス・モンクで、それを弾き出したら「ピアニカでモンクを弾いてるよ！」って洋輔さんが喜んでいたことを憶えていますね。そんな旅だったものですからぼくにとってはとても影響が強くて、サンプリングでちまちまと「ここのところを0.2秒詰めましょう」なんていうレコーディングをしている場合じゃねえ、みたいになっちゃっていたのかもね（笑）。

――一九八六年の夏には映画「ラストエンペラー」の撮影に合流されています。坂本さんがさまざまなメディアを越境しつつ活動されていた一九八四年から八五年の二年間は、坂本さんのキャリアからみても特異的な期間であったように思われます。

そうですね。そこに残してきた、置いてきてしまったという感じがありますね。そして、違うところへ行ってしまったということかな。しかし、二〇〇〇年代に入って高谷史郎さんのような方とのインスタレーションなど、パフォーマンスですとかミクストメディアといった領域の仕事をこの十五年くらいはやってきているので、そこに戻ってきたという感覚はありますね。あのころの音を今回のように振り返ってみると、ああ、あそこで置き去りにしてきたことはなかなかおもしろいことだったんだなあと思います。

質疑応答

坪井秀人（早稲田大学 文学学術院 教授／国際日本文化研究センター 名誉教授） 音楽における物質性について、書籍における紙というマテリアルとの関連で考えていらっしゃることがあればお伺いしたいです。

それは二年前に出した「async」というアルバムのなかの大きなひとつのテーマで、音楽というのはとても抽象的に考えて、抽象的に作ることも可能ですよね。しかし「async」を作るときになるべくそれを止めて、モノの音っていうんですかね、モノが発する音や、モノの存在というものをぼく自身が味わいたいし、それを取り出してみたかった。モノが発する音に出会いたくて、驚いていたかった。それがあのアルバムにおけるひとつの大きなテーマでした。

あまり大きな声では言えないですけれども、音楽における「もの派」のような感じで音楽を作りたいと考えていて、「async」を制作しているときは李禹煥（リ・ウファン）さんの一九七〇年代のドローイングですとか、石を使った彼の作品にものすごく大きな刺激を受けて、こういう音楽ができたらいいなと思っていました。リアルさというか、重さがあったり、色があったり、実際に触れたりすることができるような、そんな三次元の音楽を作りたかったんですね。

ぼくはいまでも本が大好きで、放っておけばたくさん買ってしまうんですけれども、その手ざわりとか匂い、かたち、大きさ、製本のよさ、などなどのマテリアル的な部分がとても気になります。それは子供のころの記憶ということもあるんでしょうね。いろいろなサイズで、いろいろな色で、いろいろなかたちの文字による背表紙をヨチヨチ歩きのころから見て育っていて、それぞれのよさというものがありますよね。匂いもいいんですよね。古くなった本棚の埃くさい匂いなんてなかなか好きですよ。そういった生まれた環境から来ているところは大きいと思います。

佐藤知久（京都市立芸術大学 芸術資源研究センター 教授） ぼくはいまダムタイプのアーカイブを作る仕事をしていまして、さきほど一九八四年がパフォーマンス元年とおっしゃいましたけれども、まさにその年にダムタイプが京都市立芸術大学で生まれているんですね。そこから一九九五年に古橋悌二さんが亡くなられるまでの駆け抜けていくような時代というのは、坂本さんが一九八四年、八五年くらいに準備されていたことが京都という地でも展開していったというような印象を受けました。パフォーマンスという概念を音楽に接続するとか、いろいろなメディアを横断していくといった坂本さんの活動は、八〇年代の後半から九〇年代にかけてさまざまな方面へと影響を与えていたのではないかと思います。

いま二週間近く京都に滞在していまして、暇でなにもやることがなかった学生時代に一週間くらい遊びほうけていた記憶はありますけれども、こんなに長く京都に滞在するのは生まれて初めてのことです。そして、ぼくはまさにダムタイプ・オフィスへ毎日通っていて、議論というわけでもないんですけれども、合宿と称することを高谷さんとしているんです。いろいろな雑談もしたり、昔のダムタイプのことなんかも話題に出たりしてね。

昨日だったかな、ダムタイプにはどういった人が影響を及ぼしていたのかということが話題にのぼって、意外なことに寺山修司が大きく影響していたんだそうです。意外じゃないですか。一見しただけだとずいぶん違うものですよね。天井桟敷のような演劇が、あんなにスタイリッシュでデジタルというかハイテクな舞台芸術へと繋がっているというのは、とてもおもしろい影響関係だと思ってびっくりしました。そして、ダムタイプの公演のチケットはこんなに小さな本のかたちをしているんですよね。驚くほど凝ったつくりで、オークションに出したらとても高く売れそうな代物でしたけれども、そういったところからも彼らにはミクストメディア的な流れのうえでの発想が強かったということがよく分かりました。ですから、いま高谷さんと一緒にやろうとしているというのは理由がないわけではないという気がしています。

いま高谷さんと合宿をしている目的は、「async」というアルバムの発展形としての次の作品をやろうということなんです。ぼくは「async」を出したあとに何回かパフォーマンスをしています。まず、ワタリウム美術館とICCでインスタレーション展示をして、ICCではパフォーマーを入れて自分でも一度コンサートというかなんとも言えないものをやりました。そのインスタレーションではメンバーを固定させずに若いミュージシャンのパフォーマーたちを登場させて、突然パフォーマンスが始まるようにしたんです。パフォーマンスといっても踊りのようなものではなく、楽器を演奏するのと松井茂さんの純粋詩を朗読するパフォーマンスの時間を設けたんですね。

そのあとにぼくは「async」をベースにして、フランスで一年ちょっと前に六回ほどコンサートをやりました。その半分くらいは決められた曲をやるような形式ではなく、インスタレーションとコンサートの間にあるもの、あるいはインスタレーションとパフォーマンスが融合したような、よく分からないものを目指しました。つまり「async」以降のぼくは、それをベースにして一歩一歩いろいろなことを試してきたということですね。そのひとつのゴールとしての舞台作品[31]を作ろうとしていて、予定では二〇二〇年末に初演できるはずです。

ですから、八〇年代のようにちょっとやって飽きて、すぐまたどこかで違うことやるというのではなく(笑)、今回は「async」で掴んだものを発展させようというか、もっとおもしろいことができるんじゃないかと思ってやっているんです。「async」は音楽だけのディスクでしたけれども、実際に身体を使ってパフォーマンスをしたり、あるいはインスタレーションにしたり、そして、映像などのいろいろな要素をどんどん持ち込んだりといったような総合的なものをやりたいんですよね。

松井茂　現在の坂本さんにとって、コンサートとパフォーマンスは感覚としてどのように分かれているんでしょうか。ピアノを触ったとしても演奏という場合と、パフォーマンスという場合が……

ありますよね。なにが違うんでしょうね。もちろん普通のクラシックでも、ロックでも、ポップスでもコンサートというのはもちろんパフォーマンスではありますよね。そして、言葉の使いかたとしてコンサートのあとに「きょうの彼のパフォーマンスはよかったね」なんてことも言ったりしますけれども、いま話題にしているパフォーマンスとはすこしニュアンスが違いますね。いまのところぼくはコンサートをやる気はなくて、パフォーマンスの要素が入っていて、でも、インスタレーションでもあるみたいな、ジャンルがよく分からないものをやりたいと思っています。

松井茂　インプロビゼーションをやっているということでもない。

インプロビゼーションをやったからパフォーマンスになるというわけではないけども、決まりきった譜面に書いてある曲を、そのまま立派に演奏するというのはパフォーマンスというニュアンスからはすこし離れますよね。ですから、インプロビゼーションのような自由な要素は必要だと思います。弾いている曲を途中で止めて歩き回るなんてことまでする必要はないと思いますけれども、そういったなにかとても自由な要素を求めているんだと思います。

佐藤知久　ＩＣＣでのインスタレーションを拝見した時に思ったんですけれども、インスタレーションの場合は作者もそれを体験することができますよね。演奏する側とそれを聴く側というふうに分かれて聴くのではなく、その場所で起きていることを作者も全身的に体験できる。高谷史郎さんの作品でも観客が舞台に上がった「明るい部屋」のような作品ですと、パフォーマーと観客の区別がなくなってきますよね。芸術家が自身の主体性によってなにかを表現し、それを観客が受け取るという関係性。それとは違うものを坂本さんはパフォーマンスと呼ばれているのかなと思いました。

なるほどね。音楽をＣＤにプレスしてリスナーに届けるというかたちでは、リスナーの聴く行為が音楽に影響を及ぼさないですよね。完成形としての焼き付けられたものを聴いているだけなので、さきほどの八〇年代の話で音楽の部品を売るなんていう発想があったことを言いましたけれども、完成しないということがとても大事なような気がしているんです。リアルタイムで進行していて完成しないということ。それは永遠にやり続けるというわけではないけれども、逆に完成するということは始まりがあって終わりがあるという、ひとつのミクロコスモスを作ることに繋がるんじゃないかと思うんですよ。

古典的な芸術の考えかたがそうで、ひとりのアーティストがいて、そのアーティストがミクロコスモスを作り、観客はそれを鑑賞するというものですよね。それは誰も触れてはいけない、例えばガラス細工のような武満徹のすばらしい音楽を生み出すことも可能じゃないですか。ただ、ぼくはそれに興味がなくて、壊したいというか完成させたくない。永遠にやり続けたいということではないんだけれども、始まりがあって終わりがあるという閉じられたものにいまはあまり興味がないんですよね。

松井茂　アルバムのような作品の枠組みは、いまの坂本さんには合わない。

うん。ぼくにとってもうアルバムというものは、あるひとつの断面にしか過ぎないですね。「async」の場合もCDが本体ではなくて、ワタリウム美術館でのインスタレーションのように、3D空間のなかでいろいろな音があっちから出たりこっちから出たりする体験こそが本体なんですよ。ぼく自身もそういう環境のなかでこのアルバムを作ったので、それを体験してもらいたいという主旨でワタリウムでの展示をやったんですね。

インスタレーションというのはあるミュージアムが一日に八時間ほど開館しているなら、八時間ずっと音が鳴っていてもいいわけですよね。体験する人はそこにいつ入ってもいいし、いつ出て行ってもいい。しかし、きちんと始めがあって終わりがあるような、精緻に設計されたすばらしい作品であれば、それは最初の一音から終わりの一音までちゃんと聴いてあげないと聴いたことにならないわけですよね。それはワーグナーだろうがドビュッシーだろうが、普通の音楽というものはそういう制度のなかにあるわけです。

しかし、インスタレーションというのはどこから聴いて、どこで聴き終わらなければいけないということがないわけなので、十秒間だけ聴いてもいいし、四時間そこにいてもいい。そういう意味ではかなり自由なものになると思います。閉じられて、焼き付けられて、完成している音楽と、インスタレーションで流れている音の空間というものは、異なるジャンルだと言ってもいいんじゃないかな。そのインスタレーション的な音のありかたに、いまのぼくは強く惹かれているわけなんですね。

佐藤知久　ワーク・イン・プログレスな音楽というのは、現代音楽のひとつのスタイルとしてあったわけですよね。完成しないというのはそこから影響を受けたことの帰結という面もあるんでしょうか。

六〇年代に流行した偶然性、まあ、偶然性といえばもちろんジョン・ケージですからもっと以前からあるけれども、始めの一音から終わりの一音までが厳密に書かれていない作品というのも現代音楽のシーンではずいぶん作られましたよね。そういう音楽からの影響、つまり、ケージからの影響もあると思います。

松井茂　計算されてはいるけれども単純な繰り返しが起こらないように、素数を使って作曲されているというお話しをお聞きしたことがあります。

はい。素数が好きでね。大した計算じゃないですけれども、素数がおもしろいのは割り切れない数字が並んでいるわけなので、素数に基づくループをいくつか同時に走らせてみても絶対に合わないわけじゃないですか。どこまでやっても合うことがない。クラシックに限らずにほとんどの音楽が、繰り返しや合わせるという考えのもとで作られている。それを壊したいというのがタイトルにもある「async」ということなので、素数というのはぼくにとって都合のいい存在なんです（笑）。ただ、素数を厳密に使うとどこかで合ったりすることがないというだけで、緻密に数字を扱うということに魅力を感じているわけではないですね。

松井茂　ＩＣＣでのインスタレーションに演奏者が参加した際、合わないように演奏してくださいという意味の指示をされていました。

クラシカルにトレーニングされた音楽家だけではなく、普通の人でもやっぱり合っちゃうんだな。人間にとっては合わせるほうが簡単で、われわれはそういうふうにできているみたいですね。合わせないというのはかなり高度な難しいことなんですよ。いまここにいる二十人くらいの人たちにバラバラに拍子を取ってくれと言うと、最初はなんとか一所懸命にバラバラのリズムで手を叩くんだけれども、驚いたことに合ってきてしまう。しかも、好きなピッチで声を出してくださいと言っても、最初はバラバラにいろいろな声が出ているんだけれども、不思議なことに十分間くらいやっていると、だいたい決まった音、その五度上、そして、そのオクターブ上にみなさんの声が揃ってきてしまうんですね。つまり、リズムだけではなく、周波数だって合ってきてしまうんです。

坪井秀人　ミニマル・ミュージックのモアレ効果のようなものは念頭にないんですよね。

それはそれでおもしろいと思いますけれども、合わせないということがおもしろいなと思うんですね。

松井茂　非音楽的なものをやろうとされているんでしょうか。

そうですね。音楽の決まりごとというのをもう止めたいということですかね。そういう決まりごとをすべて取っ払っても、なおおもしろいことをやりたいんです。もちろんぼくも音楽は好きなんですよ。たくさんの音楽から音楽的興奮や快楽や感情などを味わっていて、それは大事なことだと思っているわけだけれども、音楽の決まりごとをすべて取り払っても、そこに音楽的な感情や情感や快楽が現れてくるような音の現象。そういう世界を実現できないかなと思っているんです。

松井茂　分かりやすい意味でのメロディといったものは、むしろもう拒否しているような状態なんでしょうか。

それほど興味はないですね。高谷さんとシアターピースを作ろうとして合宿をしているのに、昨日はなぜか台湾の先住民族の音楽やフィリピンのイタコの祝詞、そして、マヤの先住民の歌なんかの話になったんですね。こういった歌はみんな単旋律なのでメロディがあるんです。まあ、磐城のじゃんがらのようにメロディのない打楽器だけの音楽もたくさんありますけれども、子守唄や子供の数え歌や乳搾りの歌といったものにはみんなメロディがある。ぼくの手でこういった何十世代も受け継がれてきたようなメロディを書けるかというと、それは無理です。

それは集団的に作られたもので、どれほどすごい才能があったとしてもそんなものは作れないということを、ぼくは十八か十九歳のころにはやばやと気づいてしまった。ぼくは小泉文夫さんが大好きで尊敬していたからこそ東京芸大に入学したようなもので、ほかの授業はほとんど行かなかったけれども小泉さんの講義だけは必ず出席していたぐらいなんです。音楽的には何十世代も受け継がれてきたようなものにこそ価値があると思っていて、どんな天才だったとしてもひとりの人間の営為なんてたかが知れているじゃないかという思いもある。ですから、芸術家の小宇宙やミクロコスモスといった言いかたにはうさん臭さを感じてしまうわけですよ。

坪井秀人　ぼくはオーケストラのメンバーで楽器も吹くんですけれども、逆に442 Hzでみんながピタッとチューニングを合わせることや、アインザッツを合わせることもとても難しいことなんですよね。

アインザッツもなかなか合わないし、ピッチも合わない。これはこれで現象としてはおもしろいですよね。ぼくは合わせようと努力しているのに合っていないオーケストラってほんとうに好きで、震えるくらいに感動することがあるんですよ。ぼくの高校には信じられないほど下手なオーケストラ部がありまして、それはぼくの六年先輩の池辺晋一郎さんが作った部なんですね。学校に行くと彼らが教室で練習しているわけですが、まるでブライアン・イーノも参加したポーツマス・シンフォニアのような演奏なんです。ポーツマス・シンフォニアは自分が演奏できる楽器を担当してはいけないオーケストラで、ものすごく演奏が下手なんですが、それに近いような演奏を学内でやっていたわけです。

いまは吹奏楽でもオーケストラでも、中学生や高校生の演奏は恐ろしく上手ですね。しかし、ぼくは高校一年生か二年生のときに原曲が分からないぐらい下手なシューベルトの「未完成」を学校で聴いて、それはもうガラスを引っ掻くような軋んだ音でしたけれども、ほんとうにいいなあと思ってウットリしていました。ちょっと変態ですね（笑）。ぼくが生まれて初めて自分で買ったシングル盤というのがローリング・ストーンズの「テル・ミー」[32]なんです。ビートルズのほうが好きだったのに最初に買ったのはストーンズで、ラジオで聴いてこの曲はいいと思ってレコード屋に走ったと思うんです。どうしてかというとローリング・ストーンズという兄ちゃんたちの演奏があまりにも下手で、合っていないことにぼくはびっくりして、こいつはいいいと思った（笑）。ぼくはずれるということに子供のころから惹き付けられていたのかもしれないですね。

（二〇一九年五月十四日　国際日本文化研究センター、京都）

註

1 ヨーゼフ・ボイスは一九八四年五月二十九日から六月五日にかけて来日し、ナムジュン・パイクは八四年五月から七月十二日にかけて来日。

2 一九八四年六月十五~十七/十八、十九/二十/二十一日 Next Wave of American Woman 4 Laurie Anderson(ラフォーレミュージアム赤坂、東京/日本青年館、東京/サンケイホール、大阪/京都会館)

3 一九八四年四月二十八~五月一日　Next Wave of American Woman 3 Molissa Fenley and Dancers(ラフォーレミュージアム飯倉800、東京)

4 坂本龍一「龍一くんは、本本に夢中よ。」『朝日新聞　夕刊』(一九八四年五月二十八日)9面

5 一九七五年七月から七九年七月にかけて朝日出版社から発行。

6 一九六二年二月二十三日に草月会館ホールにて開催された「高橋悠治ピアノ・リサイタル　2 piano distance」の可能性がある。

7 高橋悠治は一九七〇年八月に日本万国博覧会の鉄鋼館(武満徹がプロデューサーを務めた)において開催される音楽祭「Music Today」に参加するため一時帰国した。そして、一九七〇年九月十四日には東京文化会館にて開催された「読売日本交響楽団　第68回定期演奏会」において、武満徹「アステリズム」(日本初演)のピアノを演奏している。

8 高橋悠治は一九七二年四月に長い海外滞在を切り上げて帰国した。

9 一九七三年五月から開講した高橋悠治の講師による「JMLセミナー 作曲ワークショップ」などに参加した可能性がある。

10 一九九三年にフランクフルトにおいて設立。

11 一九七八年十月から八七年十二月にかけて発行。

12 「ブルー・ノート研究」は「音楽芸術」誌の一九六九年五月号と六月号に掲載されて、六九年十二月に冊子を刊行。

13 坂本龍一、浅田彰「テスティモニー1」『本本堂未刊行図書目録 地平線の書物』朝日出版社(一九八四年十一月)141頁

14 坂本は以下の文献において「僕は、わりと音楽の中だけで思考してしまうんだけど、あなたを見ていると、音楽と言葉、ビジュアル……といった違ったジャンルのものの間にネットワークを作っているように感じられてうらやましいんだよね。(略)僕は欲張りだから、音楽にいろんなものを取り込んでいきたいんだ。日頃読んでいる本のこととか、感じていること、今吹いている風のこと、そういうものをどんどん音楽にそそぎ込んで、音楽を変形させたいと思ってる」と述べていた。すなわち「音楽のなかにぜんぶを入れようとしている」と発言したのは坂本だった可能性がある。ローリー・アンダーソン、坂本龍一「ときめきの縁側ふたり語り」『コスモポリタン 日本版』9巻6号(一九八四年九月)62~67頁

15 坂本龍一「百科事典を自分なりに配列しなおしてみる。頭の中で。ほら、知識の『キット』として遣うわけ。」『写楽』6巻3号（一九八五年三月）27頁

16 一九八四年六月十四日〜七月二十九日　ナムジュン・パイク展ヴィデオ・アートを中心に（東京都美術館）

17 「A Tribute to N. J. P.」という作品。

18 一九八四年十月二十二日から二十六日にかけてニューヨークに滞在。

19 一九八四年八月十日から二十一日にかけて「ブルータス」誌の「南米通信」（発信人＝川田順造、坂本龍一、松坂實）のためにブラジルに滞在。

20 註14、26頁

21 一九六〇年十月六日にケルンのメアリー・バウアーマイスターのアトリエにおいて、ナムジュン・パイクは「Etude for pianoforte」を演奏していた際、ジョン・ケージのネクタイを鋏で切断したというエピソードはよく知られている。

22 坂本龍一、平山雄一「坂本龍一全仕事」『ワッツイン』2巻17号（一九八九年十一月）71頁

23 二〇〇六年にエイベックス・エンタテインメントと設立。

24 坂本龍一「『スター』日記　5」『水牛通信』61号（一九八四年八月）5頁

25 一九八五年四月十一／十二日　マタイ1985（フェスティバルホール、大阪／ゆうぽうと簡易保険ホール、東京）

26 構造物の高さは42ｍ、画面の縦幅は25ｍ。

27 一九八五年三月十七日から九月十六日にかけて開催。

28 一九八五年十一月二十三／二十四日　モリサ・フェンレイ＆ダンサーズ「エスペラント」（遠藤記念館、東京）

29 坂本註・オーディオファイルの出力には使用できなかったものの、MIDI情報を出力する目的で九〇年代当初よりライブでもAppleのデスクトップ機を使用していました。

30 坂本龍一、鈴木布美子、編集部「メディア密林のターザン」『宝島』13巻12号（一九八五年十二月）24頁

31 二〇二一年六月十八〜二十日　Ryuichi Sakamoto and Shiro Takatani "Time" (Gashouder, Amsterdam, The Netherlands)

32 ザ・ローリング・ストーンズ／テル・ミー　c/w かわいいキャロル / Japan / 7" / キングレコード – London Records / HIT 388 / 1964

第六章

あるがままのSとNをMに求めて

聞き手　松井茂

——ワタリウム美術館での展覧会が始まります。展示の中心は、八年ぶりの新譜「async」による5.1chのサウンド・インスタレーションです。

「async」でしたかったことは、まずは自分の聴きたい音だけを集めるということでした。あまり家から出ないので、雨の音が鳴っていると嬉しくて、毎回録音してしまいます。今回の制作はそういうところから始まって、ただ「もの」が発しているだけの音を拾いたいと思った。コンタクトマイクでいろいろな音を聴いて、楽器以前の「もの」自体をこすったり叩いたり、という感じでした。そういう意味では、鉄板を買ってきて、自分で切り刻んで音を出してみようとか考えたのですが、実際には怠け者なので、重たいからやらなかったんです（笑）。そこで銅鑼やシンバルを買ってきてこすったりしていました。

そうしているうちに、一九七〇年の大阪万博の際に、作曲家の武満徹がプロデュースした鉄鋼館に展示されていた彫刻家のフランソワ・バシェの音響彫刻や、ハリー・ベルトイアの楽器のことを思い出したのです。それでバシェの音響彫刻を、実際に京都市立芸術大学で叩かせてもらいました。ベルトイアの音は、ミニマルでとても好きなのですが、調べてみたらマンハッタンのミュージアムにあって、これも叩かせてもらいました。最初の四ヶ月くらいは、そんなふうに音の収集をして、自分だけで面白がって聴いていました。なかなかいいものだって(笑)。

そうやって音を収集し、S(サウンド)やN(ノイズ)——かつて両者は対立項だったけど、いまは一緒になっちゃったと言ってもよいと思いますが——を聴いていると、Mが、ミュージックが足りないということに気がついたのです。自分が聴きたい音には、やはりMが必要だという欲求が出てきたんですね。なんらかのMが入ってないとダメだということを自覚して、Mの要素を盛り込むことを始めました。

「async」はそういう成り立ちなので、ライブで再現して聴かせるという内容にはなっていないですね。音を聴く理想的な環境で耳にしてもらいたい。僕が聴きながら制作したのと同じ環境で、音の中に浸ってほしいと思っています。

「もの」そのものとの出会い

――楽器の音より、「もの」それ自体の、根源的な音に接近した理由とは?

影響があるとしたら美術家の李禹煥の作品、もの派への関心だと思います。いままでは、全然そういう気配はなかったと思うのですが(笑)。李さんの作品には強く惹かれるものがあります。僕は、一九七〇年に東京芸術大学音楽学部に入学しましたが、学生のときは、ほとんど美術学部に出入りしていました。友人も美術の人たちばかりで、この頃から李さんや高松次郎が大好きでしたね。

高松さんの授業にも忍び込んで、美術の学生に混ざって、課題で針金のオブジェをつくったりしていたわけです。[1] 高松さんが多摩川の岩に数字を書いた「石と数字」(一九六九年)なんかが大好きだったんです。そういう意味では、意識があの頃に戻っているのかもしれない。それでいま、ガラスの上に岩がドーンと置いてあったりする李さんの「関係項」シリーズのような感触の音を出したいという気分になっている。あの作品からはものすごくMを感じます。そういう音を求めて、コンタクトマイクをつけて「もの」をこすったりしています。ずいぶんプリミティブになっちゃってますね（笑）。

もともとは、病気になった二〇一四年にソロ・アルバムをつくろうとしていて、スケッチをしていたのですが、今回はその辺のスケッチを全部捨てて、ゼロからのスタートでした。今回の「async」が八年ぶりのアルバムですが、ほとんど十年に一枚のペースでしょ。この先七十五歳まで生きていられるとして、あと一枚つくれるかどうかなので、だったら本当に好きなことをやりたいと思いました。それは、ポップスでもないし、毎日のように弾くのはバッハですけど、聴くのはドローン系。もちろん若者の真似をする気もない。そこで「もの」を叩いたり、音を出して試行錯誤していました。

音楽とインスタレーションのあいだ

今回のアルバムのテーマのひとつとして、始まりがあって終わりがあるようなひとつの時間ではなくて、複数の時間が同時に進行しているような音楽はできないかということを考えました。いちばんわかりやすい例としては、作曲家のジェルジュ・リゲティの「ポエム・サンフォニック」（一九六二年）という、メトロノームを百台使う作品です。この作品は、複数の時間が同時進行していて、中心となるテンポはありません。世界中を見渡しても、こういう音楽はあまりないですね。民族音楽にしても中心となるテンポがあります。こうした複数の時間を持つ作品は、終わりがないように設計されているのですよね。始まりも終わりもないので、いつまでも続けられるのです。アルバムに収録するには、どこかで終わらなければいけないから、便宜的に終わっているのですけど……。永遠に「繰り返し」が起きないような音楽が、ここのところ好きですね。

——もの派は、瞬間的なハプニングを作品として固定することからインスタレーションを展開してきました。突飛かもしれませんが、もの派から音楽における演奏を考えたとき、指揮者のセルジュ・チェリビダッケを想起します。彼はどんな曲を指揮しても、一般的な演奏の一・五倍くらい遅い。音楽は流れない。むしろ時間が滞留します。結果として楽曲の時間が解体して演奏は無時間的というか、時間芸術に抗うような、サウンド・インスタレーションに近づいていく気がします。グレン・グールドが二度目に録音したバッハの「ゴールドベルク変奏曲」（一九八一年）にも同様のことが、言えるかもしれません。「async」におけるMの要素にも、こうした演奏に近い、「滞留する時間」が設計されているような印象を受けます。

それは前のソロ・アルバム「out of noise」(二〇〇九年)をつくったときに強く意識したことですね。アルバムを出してから、ピアノだけのツアーをしました。そのときに強く感じたことは、ピアノは「もの」だということなんですよね。音楽としてではなく「もの」としての響きを聴かせたいと思いました。音楽を抽象的なところから見ると、座標軸上に点が打ってあって、時間が流れていき、それを美的に構築していくこと、と言える。でも違う観点からみれば、ピアノは「もの」の集積でもある。響きも「もの」の音だと思って、「Merry Christmas, Mr. Lawrence」(一九八三年)みたいな曲でも、ゆっくりとモヤーンと反響させて弾いたら心地良くて、それでゆっくりと弾き始めました。ロンドンのコンサートで作曲家の藤倉大くんが聴きにきて、「なんであんなに遅く弾くんですか?」って怒られちゃいました(笑)。「いまはそういう気分なんだよ」って言ったのですが、ピアノを弾くということでもそうなるわけで、響きを聴こうと思ったら、演奏は遅くならざるを得ないんですよね。チェリビダッケの指揮は、次の小節にいかないような、止まっちゃってるようなね、音楽が落っこっちゃいそうな、進んでいかない感じですが、僕は大好きですよ。響きを聴こうと思ったらどうしてもそうなっちゃう。

だから音楽には、作曲したり、演奏したりといった要素があるわけですけど、「聴く」ことも音楽だっていうところに到達しないといけないわけです。やっと十代で知り合ったジョン・ケージの思想に触れた(笑)。「聴く」ということがすこしわかってきたかな。いまは弾くよりも、ているかな。

「聴く」ことがとても大事だと思っています。今回のアルバムも「聴く」ことをとても大事にし

そういう意味でも、やはり一九七〇年前後、十八歳頃の意識に戻っているのかも。大学に入ったこの時期の問題意識は、ヨーロッパ近代の音楽システムからいかに離れるか、離陸できるかということでした。簡単に言うと、百人の演奏者がいてみんな同じ時間で進行している――もっともこれは西洋音楽に限らない、人間の逃れ難い性向かもしれませんけど――、そのことに抵抗感を持っていたわけです。それで「違うやり方を試したらどういう音楽ができるのか?」と考えて、大学に入ると民族音楽学者の小泉文夫に民族音楽を学び、シンセサイザーなどの新しい楽器とともに電子音楽にも触れるようになりました。

協業（コラボレーション）から気づく

――病気から回復されて最初の仕事は、アレハンドロ・ゴンサレス・イニャリトゥ監督「レヴェナント　蘇えりし者」（二〇一五年）のサウンドトラックでしたね。

「async」のMの構成にとって、「レヴェナント」の影響は大きいかもしれない。「レヴェナント」では、音楽の存在感が薄れていくような音をつくりました。二時間半以上の映画で、二時間分くらいの音楽をつくっているのに、アカデミー賞からは「音楽がほとんどない。十五分くらいしかないだろ」って言われて、彼らは音楽だと思ってないわけ（笑）。それは僕としては、しめしめっていう感じで、映画の中にある情景と音楽の区別がつかないということが、皮肉ではなく嬉しかったんです。最近、僕の音楽はだんだんそうなっているのだと思いますね。あまり音楽だと意識されなくていい。特に映画はそのほうがいいだろうって強く思います。以前は映画のことはそっちのけで、自分の音楽さえ良ければいいってわがままにやってきたんですけど、映画に音楽はなくても全然いいし、あっても一音でいいという感じ。それは武満さんの考え方でもありますが、一音あれば充分なんですよ。最近はメロディなんか鳴っていると、うるさくてしょうがないです。

――「レヴェナント」の音楽の一部は、二〇〇二年から共同制作をしてきたアルヴァ・ノト（カールステン・ニコライ）との協業ですね。またコラボレーションという意味では、オペラ「LIFE a ryuichi sakamoto opera 1999」以来、美術家である高谷史郎との共同制作も増えています。二人ともインスタレーションも制作する作家ですね。

音楽的にはカールステンの影響もあったと思いますね。もちろんサウンド・インスタレーションの展示ということに関しても刺激を受けたところはあります。そういう意味では、大友良英くんのインスタレーションや、毛利悠子さんの作品も大好きですね。彼女の作品も必ず音がついていますよね。ただ、あれはサウンド・インスタレーションという枠には収まらない気がしますけど……。そもそもサウンド・インスタレーションの定義はかなり曖昧なものですよね。

高谷さんとのインスタレーション「LIFE – fluid, invisible, inaudible...」（二〇〇七年）の経験は、特に大きいですね。このときにインスタレーションのDVDを出していますが、あの5.1 chのミックスもニューヨークのスタジオで行っています。山口情報芸術センター（YCAM）で録音した音を擬似的に再現したわけですが、本当はたくさんのスピーカーを置いて、体験してもらえるといいと思っています。そういう意味では、今回のワタリウム美術館でのインスタレーションはこれの延長かもしれませんね。

メディアとアートの接点

――シンセサイザー、映画、インスタレーションというキーワードをまとめようと思ったときに、昨今のアートシーンにおいては、「メディア・アート」という言葉が想起されがちなんですが、坂本さんはこれについてどう思われますか?

「メディア・アート」という言葉にはつねに胡散臭い印象が漂っていますね。元来「アート」つまり「芸術」という言葉は定義できないものだし、まして一九世紀と二〇世紀、二一世紀の「アート」は同じものなのかと問うと、どうも簡単には同じとは言えないし、「メディア」という言葉もよく考えると難しい。そこに「音楽家」を接続するのは、三重にこんがらがって、なんともし難い問題設定だと思いますね。ただいっぽうで、僕たちは様々なメディア環境や技術に囲まれ、その影響の中で日々を送っていることは確かで、そういう日常を意識して音楽をつくったり、美術をつくったりして楽しんでいる人もたくさんいるわけだから、当然、無視できないことですよね。

僕がそういったアートの形式に漠然と気がついたのは、一九六〇年代の末でした。当時は「メディア・アート」という言葉はなくて、「インターメディア」みたいな言葉だったかもしれません。でもほとんどいまと同じような意味で使われていたと思います。ジョン・ケージ以降の若い音楽家が新しい技術を使ってシアトリカルなイベントをしていました。高校生のときに行った記憶があります。「オーケストラル・スペース1968」[2]や「クロストーク・インターメディア」[3]というものだと思います。僕はもちろん、そこには音楽を聴きに行っていたわけですが、ヨーロッパ系の現代音楽ではない、新しいアメリカの動向を大掛かりなイベントで目にすることができて面白かったですね。スティーヴ・ライヒの「ピアノ・フェイズ」[4]（一九六七年）や、テリー・ライリーの「in C」[5]（一九六四年）が印象に残っています。

——坂本さんが高校生だった一九六〇年代末、当時のメディア技術を活用した前衛芸術の多くが、一九七〇年の大阪万博に動員されるに際して、その予行演習としての大掛かりなパフォーマンスが盛んに行われていました。こうした芸術動向を、「美術手帖」はジャンルを問わず、横断的に取り上げていました。「オーケストラル・スペース1968」は、「美術手帖」一九六八年八月号の口絵特集で取り上げられています。同号では、後に坂本さんがレコードを制作する詩人の富岡多恵子が、武満徹のインタビューをしています。付録で武満作曲の「クロス・トーク」のソノシートも付いていました。「クロス・トーク／インターメディア」は、一九六九年四月号の「インターメディアとはなにか」という特集記事になっています。

インターメディアは、当時の流行りの言葉でいうと、「感覚の拡大」っていうんですかね。ドラッグ・カルチャーだとか西海岸的な感覚を受容して、みんなロックの影響も受けていたと思います。

高橋悠治がこの時期に書いたテキストで僕がとても好きな文章[6]があるんですけど、要旨としては、ロックという音楽は、コンタクトマイクを使って電気的に微細な音を拡大していると言うわけです。つまり「感覚の拡大」ですね。僕はそう思って日比谷野外音楽堂なんかにロックを聴きに行っていました。悠治さんの文章を通して、メディア技術を意識してロックを聴いていたと思う。本人はそんなテキスト憶えてないって言っていましたけど(笑)。

音楽界の変容

──現代音楽の先鋭化と、大衆を獲得していくロックが、ともにコンタクトマイクに象徴される同種のメディア技術を使って「感覚の拡大」を図っているという指摘は興味深いですね。そうしたなかで、坂本さんは、現代音楽に軸足を置いていたということでしょうか?

当時は聴かせないっていう態度のほうが格好いいという時代で、実験精神や前衛という言葉が残っていてね、香りっていうか。それが芸術家らしくて良かったんですよ。聴衆のことなんて考えないみたいなね。僕も結構そういう影響は受けていたのですけど……。いまは随分変わってきましたね。聴衆に迎合するわけではなくて、「聴く」ということを音楽の重要な要素として強く意識するようになった。だから実験音楽的に、ただ試すのではなくて、M（ミュージック）になってないと嫌なんですよね。どの程度Mであればいいのか？　これは本当になんとも言えない。自分勝手な判断ですけど、ある程度、Mになっていること。ただ実験しましたというだけでは面白くないと思っています。聴衆の問題を考慮しない、孤高の実験精神も格好いいのだけれど、それで一生かけてせいぜい五百人程度の聴衆を相手にやっていくのは辛いよと、当時思ったわけね（笑）。それは違うかなと思って、だんだん現代音楽からは抜け出すようになりました。

逆にいまは、メジャーとインディペンデントという垣根もなくなってしまって、ポピュラー・ミュージックの体制もほとんど崩れていると思います。ビジネスとしてやっている人たちはもちろんいますけど、もう僕は興味ないですね。いまや擬似的にポップスのようなかたちに落とし込んだとしても売れるとは思えない。僕もすこしそういう努力をした時期があったんですよ。一九九〇年代は、ポップスらしくお化粧してね、しかし売り上げは変わらなかったですね。そういう努力は無駄だと思ってやめました。アルバムで言うと、「ＢＴＴＢ」（一九九八年）を出した頃です。「Back To The Basics」という意味ですから。その時期までのポップス路線は「や〜めた」っていう（笑）。

——坂本さんが「聴く」を拡張するMという方向性に着地する今日まで、音楽シーンにおける、スタイルや流通の変化は凄まじいですよね。余談ですが、CMで使用された「energy flow」（一九九九年）は、「Back To The Basics」のコンセプトで作曲されたにもかかわらず百五十五万枚売れたわけで、もはや「ポップ」という概念がわからなくなった事件だった気がします。

「メディア・パフォーマンス」というまなざし

——一九七〇年前後の「美術手帖」を見ると、従来は美術の外側にあったメディア技術を想像力とする、インターメディア的な表現が成熟し、音楽やダンス、映画に根を持った流動する表現が目立ってきます。私見では、従来の美術概念からの逸脱を相対化し、再配置すると、現在の表現動向の見通しが良くなるのではないかと考えています。「メディア・パフォーマンス」というタームで、既存のジャンル観を失効させ、メディア技術による横断的な状況を中心に一九八〇年代以降を考えたいんです。

その流れで言うと、僕と友人たちは、一九八四年を「パフォーマンス元年」と呼んでました。この年にソロ・アルバム「音楽図鑑」をリリースして、ナムジュン・パイクさんと「All Star Video」をつくったりした年です。[7] 原宿にあったピテカントロプス・エレクトスというスペースでも、パイクさんとパフォーマンスしてますね。[8] それにローリー・アンダーソンも来日したし、パイクとヨーゼフ・ボイスは草月ホールでもパフォーマンスしましたし。[9] みんな東京に集まりました。翌一九八五年は、つくば科学万博でジャンボトロン[10]を使った「TV WAR」[11]もありました。また舞踏家のモリッサ・フェンレイのためにアルバム「エスペラント」を作曲して、その公演に哲学者のフェリックス・ガタリが来てくれたりした。「目をつぶって音楽だけ聴いたら素晴らしかった」って言っていましたけど（笑）。そんな時期だったから、一九八四年を「パフォーマンス元年」と呼んでいます。メディア・ミックス的な表現が浮上してきたわけです。確かに、いま思えば、このあたりからの動きが後のオペラの「LIFE」にもつながりますね。

——一九八三年にYMO[12]が「散開」し、坂本さんは「パフォーマンス」という戦略で、ポピュラー・

ミュージックのシーンから、様々な領域横断を展開します。また浅田彰は「構造と力　記号論を超えて」（勁草書房）を刊行。マス・メディアを芸術表現、思想実践の場として、積極的に横断していたと思います。[13] そんな両者の交差点として「ＴＶ ＷＡＲ」がありました。このコンテクストはその後オペラ「ＬＩＦＥ」につながり、現在に至ります。一九八四年が、パフォーマンス元年であり「横断」の年なんですね。[14]

枠に縛られるのは嫌なので、意識的にジャンルやカテゴリーを横断していました。それから、マス・メディアを使うことは必ずしも啓蒙だけに結びつくわけでもなくて、遊び場としてということがあるかもしれないと思っていました。ある意味で、楽観的でしたけどね。

――「ＴＶ ＷＡＲ」から「ＬＩＦＥ」へと展開したコンテクストは、いま振り返ると、映像装置を駆使した、音楽とも映画とも異なるメディア・イベント的な表現の実験であり、いまやっと真価が明らかになってきたのかもしれませんね。

「ＬＩＦＥ」に関しては、普通のオペラでは、ソロの歌手と合唱がいるけど、その代わりを映像と音でやるんだということを強く意識していましたね。まさにメディアでつくるオペラという気持ちでした。だから本当は実際のステージも必要なかったんですよ。そのことは当時から僕たちは話していて、パフォーマーがいなくても成立するものにしようと計画していました。その後のインスタレーションは、またすこし傾向が違うんですけど、一九九九年のときにはそう思っていました。

一九世紀後半に、レコードというメディアが発明され、音楽に使われるようになり、スピーカーを通して聴くようになったわけです。むしろメディアを通さないことのほうが特殊な状況になっているわけですよね。作曲家の三輪眞弘くんが言うように、ほとんどが「録楽」[15]になっている。「LIFE」は、二〇世紀をそういう観点からとらえ直したわけですからね。

音楽、現代思想、政治

——一九八〇年代後半の坂本さんのアルバム「NEO GEO」（一九八七年）や「BEAUTY」（一九八九年）は、民族音楽を大胆にサンプリングした作品でした。これらのアルバムのコンセプトや楽曲形式、素材の再配置を通じて、二〇世紀末の現代思想や社会状況を観取したという極めて刺激的な実感が、私にはあります。

「NEO GEO」は、ニュー・アカデミズムの流れで、観念的な意味で国境を横断しようという意識が強くなって、つまり視点を変えてみようということでした。このアルバムの制作は、ニューヨークに引っ越す前だったのですが、西洋中心のまなざしからどうやってパラダイム・シフトできるかといった試みでした。思想としてだけでなく、実際に日本以外で仕事をする時間が増えてきたこともありました。そのいっぽうで、民族音楽との関わり方は、見方によっては植民地主義的な「搾取」になるわけで、それとどう折り合いをつけるかという問題意識も当然ありました。

こうした音楽と政治の関係については、高校生の頃からよく考えてきたことで、ただ答えは見つからなくて、悶々としていました。一九六〇年代後半のジャン＝リュック・ゴダールも、映画の政治性を考えていたわけですが、その影響を受けながら、僕は「音楽の政治性」を考えていた。一九七〇年代に入って、毛沢東主義に影響されて、人民のために無償で工場に行って音楽をやろう、と考えたこともあったし、実際にそういう人も出てきます。例えば、イギリスの作曲家のコーネリアス・カーデューとかですね。この人は、もともと作曲家のカールハインツ・シュトックハウゼンのアシスタントでした。随分僕も影響されましたね。僕のデビュー・アルバム「千のナイフ」（一九七八年）で、冒頭に延々とボコーダーを使っているんですが、あれは実は毛沢東の詩なんです。まったく聞こえませんけど、毛沢東の革命詩のカセットを買ってきてボコーダーに突っ込みました。

――音楽として思想を語られるいっぽうで、坂本さんは、音楽で政治に関わるダイレクトなメッセージは避けていますね。

そうですね。唯一分けなかった例は、地雷撤去のキャンペーンでやった「Zero Landmine」(二〇〇一年)で、あれは意識的でした。それ意外は基本的に分けています。繰り返しになりますが、高校時代から考えてきたことでもあって、まあ答えは出ないですが、ただはっきりしているのは、音楽をプロパガンダとして使いたくはないっていうことですね。自分が直接経験したわけでもないのに、僕はナチス・ドイツの音楽利用が強くトラウマになっていて、それはやりたくないと強く思ってきたんです。

言葉で何か発言するのは、職業に関係なく誰でもできると思いますが、実際そう発言することと、音楽で何かを語るのは違うことだと僕は思っています。

――他方で、「Forest Symphony」(二〇一三年)は、生体情報をピックアップした科学的な取り組みの音楽です。音楽で語っている部分を無視して、スピリチュアルな作品と受け止める人もいるようです。

やっぱり音そのものを聴いていない人が多くて、みんな「物語」「意味」を聴いてしまう。それも一種のプロパガンダになるわけで、僕はそれは嫌なんですよ。結局、多くの人は、言葉で音楽を理解しようとしている。だから歌謡曲やＪ－ＰＯＰが流行るのかもしれない。僕の作品のように、歌詞のない音楽でさえ、なにか「物語」として受容しようとする人が多いんじゃないかな。

——高橋悠治は、かつて「ことばをもって音をたちきれ」（晶文社、一九七四年）と書きましたが、坂本さんの場合、「音をもってことばをたちきれ」ですね。

Ｍあるいはポエティック

——先ほど、Ｍ（ミュージック）が必要だという話がありました。これはやはりロジックで説明できる要素ではないのでしょうか？

Mっていうのは、僕自身にも定義があるわけじゃないんです。ただ、Mまでいかないと、ただの知的操作で終わっちゃう気がする。全部が言葉で言い表せるものではないわけですね。言葉で言い表せない世界があるから音楽をやっているっていうことでもありますね。Mが必要ということは、詩的（ポエティック）であることと同じかもしれないですね。詩的であることは、どんな種類の芸術においても、いちばん大事な要素だと思います。言葉をあつかうときですら、言葉で言い表せない部分が大事ですね。

　幸いなことに「詩的だ」と思う瞬間が人生の中で何回かはありました。例えば、ベルナルド・ベルトルッチと三回仕事をしましたけど、この人は、僕が考える意味で、非常にポエティックで、映画の中でそれを追求しているという感じがしますね。「ラストエンペラー」（一九八七年）でもそうでしたけど、「1900年」（一九七六年）のような政治的な題材を扱っていても、本当にやりたいことは「詩」なんですね。それが光や陰として、映像の色から出てくる。そこに音楽が醸し出されてくるということがあるわけです。

　詩性（ポエジー）というのは、言葉や何かで理解することではないんですね。突き刺さるようなものが僕にとっての詩性です。刺されちゃうと言葉も出ないんだけど、理解を超えた「痛み」とかに近いですね。音楽を聴いてそういうふうに反応してしまうことはありますよ。それが僕にとっては詩的なことだと思いますね。もちろん言葉から感じることもあります。作曲家のラ・モンテ・ヤングの「Composition 1960 #5」[16]の、「蝶が飛び去ったときに作品は終わり」というような言葉によるインストラクションなんて詩そのもので、同時にものすごく音楽的で、天才的です。

坂本龍一らしさとは何か

――「async」のリリースに際して、どんな内容のアルバムになるのか、ウェブ上で親しい方々が予想する、という告知がありました。実はこういう広告が可能なのって、坂本さんぐらいだと思うんです。つまりアルバムごとに同じ人の作品とは思えない変貌を遂げるからです。それでもなお坂本龍一である、M（ミュージック）へのこだわりについて伺えますか？

こだわり……。なさすぎるな（笑）。ヒップホップまがいのことをしたり、ハウスっぽくなっちゃったりテクノだったり。そうかと思えばドローン系だったりね。めちゃくちゃですよ（笑）。オペラ「LIFE」のときに、浅田さんも言ってますけど……。

――浅田さんの発言、引用しておきます。「坂本さんのすごいのは、そういう前衛の自意識を捨ててしまい、いわば完全に音楽機械と化して、いろいろな音楽を高精度でシミュレートしているところです。しかも脳神経系は現在のコンピュータなんかよりはるかに優秀ですからね[17]」

つまり、ここまで人の真似してやる人はいないっていうことですよね。人と違うことをやってやろう、みたいな価値観は全然ないですね。そこには興味がないっていうか。でも、特に西欧では日本以上に強いですが、誰が聴いてもすぐにわかるような、署名性（シグネチャー）がよしとされているんですよね。僕のような音楽家は、カテゴリーがないし、曲ごとで違っちゃうからみんなが困っている。多少反省はしているんですけどね。

でもシグネチャーって些細なものに思えて……。例えば着るもので言ったら、自分はヒョウ柄しか着ませんとか、自分はTシャツで通しますとか、靴下を履きませんとかいうような、そんなことに僕はアイデンティティをこだわる気がないんです。僕のつくっている音楽に何かがあるとすれば、それはバッハであったり、誰もが何百年も使ってきた音楽のシステムと同じものなんですよ。彼らの遺産で作曲させてもらってきたわけですから、自分の主張やオリジナリティなんてちっぽけなものです。

ある意味で、変わりたいから音楽をやっているので、毎日朝起きて、今日もまた「坂本龍一」かよ、っていうくらい飽きっぽいんですよね（笑）。昨日と同じことをやらせるなよっていう感じがありますね。向いてないですよ。署名性を持ってひとつのカテゴリーに収まるのは……。子供のころから、自分ほど信じられないものはないと、僕を信じることがもっともおかしなことだと思っていましたからね。好き嫌いだって毎日コロコロ変わりますからね。

――坂本さんの場合、メロディとかではなく、音楽というジャンルとの関係の持ち方に独特な署名性があるのだと思います。坂本さんがMを求め続けるモチベーションはいったい何なのでしょう?

それは不満だからですね。どんなに素晴らしくてもバッハだけじゃ満足できないし、ドビュッシーだけでも満足できない。ケージだけでも満足できない。やっぱり不満ですよ。自分にとって100パーセント満足のいく音楽はないですし、もちろん自分のつくった音楽にもない。もしそんなのができちゃったら、音楽をやめるときだと思う。やっぱりいつも不満だからです。

楽器との対峙

――あらためて「async」の話に戻ります。音響彫刻のような特殊な音色が使われているいっぽうで、最近まで避けてきた印象のある邦楽器との関わりについて教えてください。

邦楽器は子供時代から馴染みがなくて、周りにもやってる人がいなかったんですね。やっぱり僕が育った時代の日本は、西洋的なものが良いという文化的ヒエラルキーがとても強くて、邦楽器と出会ったのは、武満さんの「ノヴェンバー・ステップス」[18]（一九六七年）を通してだったと思います。僕は、武満さんがこの曲で琵琶と尺八を使ったことに猛烈に反発していたんです。「武満もジャパネスクに陥った」と。それで友達と二人で、ガリ版刷りの武満批判のビラをつくり、それを配りに武満さんのコンサートに行ったんですよ。それを二回もやったわけ。秋山邦晴さんが企画したコンサートでした。ビラを撒きに行って、コンサートも聴いたんですけど（笑）。終演後に、僕らが配ったビラを持って武満さんがやってきて、僕はガチガチに緊張しながらもモゴモゴと批判したんですけど（笑）。三十分くらい立ち話をしました。とても誠実だった。

日本的な花鳥風月とか、お寺とか庭とかずっと大っ嫌いでしたね。「和」とかいう言葉すら嫌いだった。変わってきたのは五十歳くらいになってからかな。やっぱり歳のせいかな？（笑）。例えば、YMOをやっていた二十代後半には尺八的な音を使っていたんですけど、パロディですよね、それは。とても意識的に使っていたわけですが、だんだんとイデオロギー的な反発は薄れてきて、戦後が終わったからなのか、冷戦が終わったからなのかわからないけれど、抵抗感がなくなってきた。
それで花鳥風月も深いかもと思って、京都の寺を巡ったりとかするようになったのですが、もちろん年齢だけではないし、時代とも言えないですけど、自分の生まれ育った場所の文化の影響は強いので、それと向き合う時期は遅かれ早かれくるんじゃないかな、誰にでも。
ただ、一度クリティシズムを通ってない和様への接近は、いまでも危険だと感じますね。批判的な目を通して、自分の身を実際に海外に置く必要は必ずしもないかもしれませんが、頭の中でね……。敵対したり、批判的だということは、実際には近しい証拠でもあるんですよ。だから一回離れないとダメなんです。離れて初めてバランスのとれた距離から見られるようになる。武満さんのこともそうだし、邦楽器のこともそうだと思います。

――アコースティックとエレクトリックの楽器についてはどのように考えられていますか?

音楽をつくるときに、もちろん電気の楽器を使っていますけど、やっぱり生の「もの」音が大事なんじゃないかと思っていますね。それは電子楽器を使っても、生楽器の延長の感覚で使うということなんです。冨田勲さんは、「シンセサイザーの電気は雷の電気と同じだ」と言っていました。つまり、自然の「音」なんだと。もっと言うと、これは自然の「もの」なんだということですね。それがデジタルになっちゃうと、やはり違うような感覚がするんですよ。もちろんデジタルの便利さには勝てないところがありますけど、抵抗感はありますね。今回のアルバムは、アナログ・シンセサイザーしか使っていないんです。実際の音と、電子ではない電気楽器ね。

音楽、それでもなお

――確かに制作環境も含めて、デジタルの便利さを挙げればきりがないですよね。他方で、ソフトウェアやOSのバージョン・アップだとか、ハードウェアの耐用年数など、良くも悪くもメディアの寿命が短くなっている気もしますよね。

ハードディスクはいつ壊れるかわからないし、プラクティカルなメディアの問題でいえば、僕は紙がいちばんエライと思っています。紙だけは何千年も持ちますからね。ま、あと石もあるけど。ハードディスクは数年だから、記録メディアとしてはダメですよね。だから本当は、木の板に刻んだり、岩に彫ったりとかしないとダメですね。

――考えてみれば、録音で残る音楽と、楽譜で残る音楽があるわけですね。

現代音楽の世界は楽譜にしないと評価の対象にすらならないんですよね。僕はそれも嫌いで(笑)。データよりも紙の方がエライとは思っているんだから、楽譜にしたほうがいいのだけどね。本当に怠け者でなかなかできない(笑)。でもそれだけではなくて、僕が良いなと思う音楽って、まるで、自分が即興して「音」を出しているみたいな感じなんですよね。だから、その感覚は、実はあまり残したい気がしないということもあるんです。もし次のソロ・アルバムがあるとしたら、陶器をつくってお客さんに届ける、それが僕のアルバム(笑)。みんなの手元に届いたら、「壊せ」と。そのときに鳴った音が、僕の音楽だというのがいいなあと、半分真剣に考えています。そのために自分の土を探す旅に出ようかって思ったりしているんですけど、そういうのもいいでしょう。

(二〇一七年三月、ニューヨーク)

註

1 高松次郎は、一九七二～七四年まで東京芸術大学美術学部の非常勤講師を務めていた。ちなみに、以下のような李禹煥による高松次郎論がある。
李禹煥「表象作業から出会いの世界へ」『美術手帖』21巻320号（一九六九年十二月）140～144、153～165頁

2 武満徹、一柳慧が企画した演奏会（一九六八年六月四、五、七日、東京文化会館、日経ホール）。

3 秋山邦晴、湯浅譲二、ロジャー・レイノルズ、カレン・レイノルズが企画し、当時のメディア技術を駆使した、演奏会（一九六九年二月五、六、七日、国立代々木競技場第二体育館）。

4 「オーケストラル・スペース１９６８」で、一柳慧、土屋幸雄が日本初演（一九六八年六月五日、日経ホール）。

5 「今日の音楽」（大阪万博の一環）で、日本初演（一九七〇年八月二十三日、鉄鋼館）。

6 高橋悠治「タージ・マハール旅行団を聴こう」『レコード芸術』21巻10号（一九七二年九月）207～208頁

7 「All Star Video」のパッケージ・デザインは、パイクの旧友にして、この時期にパフォーマンスの先駆者として再評価される赤瀬川原平。

8 パイクの作品集「タイム・コラージュ」（Isshi Press、一九八四年五月）出版記念ライブ。出演は、パイク、高橋悠治、高橋鮎生、立花ハジメ、細野晴臣、三上晴子。

9 この年、パイクは東京都美術館、ボイスは西武美術館で個展を開催。同時期に来日し、草月ホールで伝説的なパフォーマンスをした。当時の「日曜美術館」では異例の特集として「現代美術のスーパースター　ボイス展、パイク展から」（一九八四年六月二十四日、ＮＨＫ教育）が放送。「美術手帖」一九八四年八月号では「ボイス＋パイク」が特集。この来日の衝撃は、戦後日本美術のシーンに大きな影響を投げかけ、二〇〇九年十月から二〇一〇年一月にかけては、水戸芸術館で「Beuys in Japan　ボイスがいた8日間」が開催されている。

10 ソニーがつくば博に出展したパヴィリオン。41ｍ×45ｍの躯体に25ｍ×40ｍのモニタをもったテレビだった。

11 浅田彰のコンセプト、坂本の音楽、ラディカルＴＶ（原田大三郎、庄野晴彦）の映像で、ＴＶの進化をテーマに行われたパフォーマンス（一九八五年九月十五日、国際科学技術博覧会）。

12 細野晴臣、高橋幸宏、坂本龍一によるテクノ・バンド、イエロー・マジック・オーケストラ（一九七八～一九八三年）。断続的に再結成している。

13 浅田が中心となって編集した、以下の文献の第二特集「ＴＶ進化論」などを参照。
『ＧＳ たのしい知識』5号（一九八七年四月）

14 「ユリイカ」一九八四年九月号の特集「パフォーマンス」では、美術批評家の東野芳明、赤瀬川原平が対話している。後に東野は、「エスペラント」の映像版に解説を寄稿している。「美術

手帖」で「パフォーマンス」が特集されるのは一九八五年十月号になる。

15 三輪眞弘が主張するターム。演奏ではなく、録音をスピーカーで再生する音楽のこと。パフォーマンスと記録を峻別する立場とも説明できるだろう。

16 La Monte Young "Composition 1960 #5" https://www.moma.org/collection/works/127627(二〇二三年八月二日アクセス)

17 坂本龍一、浅田彰「20世紀音楽史の終わりに　オペラ『LIFE』の位置」『Document LIFE a ryuichi sakamoto opera 1999』朝日新聞社(一九九九年九月)75頁

18 ニューヨーク・フィルハーモニック百二十五周年記念委嘱作品。琵琶と尺八、オーケストラによる作品。世界初演は、鶴田錦史の琵琶、横山勝也の尺八、小澤征爾の指揮(一九六七年十一月九日、リンカーン・センター、ニューヨーク)。日本初演は、「オーケストラル・スペース１９６８」(一九六八年六月四日、東京文化会館)。

第三部　音楽のエラボレーション——二一世紀の表現へ

第七章

日記という表現形式から

松井茂

日記のように、徒然に、何も施さない

二〇二三年一月十七日。坂本龍一のアルバム「12」がリリースされた。アルバム名は曲数で、全曲のタイトルは日付だ。二〇二一年三月十日に録音された音源「20210310」から始まる。坂本によれば、「折々シンセサイザーやピアノの鍵盤に触れては、日記を付けるようにそうしたスケッチを記録していきました」[1]。「徒然なるままにシンセサイザーやピアノで奏でた音源を一枚にまとめたに過ぎず、それ以上のものではない（略）今の自分には、こうした何も施さない、生のままの音楽が心地よい」[2]と。

こうした音楽のあり方——日記のように、徒然に、何も施さない——について考えてみたい。坂本と日記について、一九八〇年代の坂本の発言を引いていくことになるが、あらかじめ断っておくと、なにか現在にいたる一貫性が見出せる、という主張をしたいわけではない。日記という、言わば散文による日常を強調する形式を借りて、その時々の表現を考えてきた坂本の発言や行為に注目することで、芸術家としての試行を捉える手がかりを得たいと思う。

ぼく自身のための日記

一九八一年、作曲家でピアニストの高橋悠治（一九三八年〜）の委嘱で、坂本は「ぼく自身のために」を作曲する。同年五月十一日に初演された際は、「自分自身のために」という曲名だった。

僕は「現代音楽」はつくる気にならないし、「クラシック」音楽はつくる必然がないし、何の為のピアノ曲か、ということで随分悩みましたが、結局約1月半の間、日記をつける様に思いついたフレーズを積み重ねていきました。[3]

アルバム「左うでの夢」(一九八一年)制作の時期と重なっていることもあって、「ぼく自身のためにし」の後半には、アルバム所収の「ぼくのかけら」が一瞬顔を覗かせる。ひょっとすると、「日記をつける様に思いついたフレーズ」のひとつが、「ぼくのかけら」になったのかもしれない。「自分」から「ぼく」へのタイトルの変更は、なんらかの私性の強調であっただろう。

村上春樹の小説における「僕」が、一九八〇年代の幕開けを象徴し、一九八三年にはYMOのアルバム「浮気なぼくら」がリリースされ、時代を象徴する新たな主体を体現することになる。坂本が珍しく、作曲のみならず作詞もした「ONGAKU/音楽」が収録され、ヴォーカルまで担当し、「ぼく」は「オンガク」と歌う。この主体は、社会学者の見田宗介が指摘した「虚構の時代」[4]の、寓意に満ちた「ぼく」だったはずだが、時を経てその歌唱に接すると、同時代に背を向け「オンガク」に自閉するジェスチャーにしか聴こえない。その姿は、グレン・グールド(一九三三〜一九八二年)に重なり、賑やかでありながら、孤独なものだ。

小説としての日記

YMO散開ツアー(一九八三年十一月二十三日〜十二月二十二日)中に収録された、高橋と坂本の共著『長電話』（本本堂、一九八四年）には、「小説としての日記」という見出しがある。[5]

日記書いてるときっていうのはさ、まあ発表を前提にしない場合でもね、もう一度読むとかさ、自分が。あるいは、誰かに読ませるとかさ、もう想定してるよね。（略）書くだけのために書くっていうことはさ、たぶんないよね。（略）なるべく事実をさ、何時にどこ行ったとかね、その事実を書いててもね、ちゃんと修飾しているわけね。なんていうかな、ある意味じゃ小説んなってるわけ。小説風になってるわけね。[6]

高橋が主催する「水牛通信」に、坂本は『スター』日記」の連載をはじめる。連載は、一九八四年四〜十二月号までの全九回で、二月十五日〜十一月十日までの二百七十日間のうち二百二十一日分の記載がある。「長電話」の通話が連載のきっかけであったかもしれないし、「小説としての日記」の実践であったのかもしれない。他方で坂本は、この二年ぐらい日記を書いていたと発言している。[7]

一九八四年五月十六日を読んでみよう。

> 5月16日、朝6時、パルコの3m四方の壁に「長電話」の表紙、裏表紙を貼り始める。カメラマンの三浦憲治、デザイナーの奥村さん、本々堂の義江さん、アシスタントの富永君等。途中、休んだり、AKKOの作った弁当を食べたりして、完成したのは12時過ぎ。雨が降り出した。1時間ぐらいのヴィデオにするつもり。音響、ソロ、録音。が、録音にならない。疲れた。[8]

「長電話」が刊行された日、坂本は「The Grey Wall」と題した七時間に及ぶパフォーマンスを行った。ビデオ作品が作られることは無かったが、「平凡パンチ」のグラビアとして「『The Grey Wall』本をつくりそれを変形し別の用途に使う。坂本龍一の『書物の解体学』[9]と「本本堂未刊行図書目録」に、日比野克彦の装丁による「ビデオ・ブック」の予告と宣伝文が残った。

一九八四年五月一六日、明け方、渋谷パルコ前にあらわれた坂本龍一は、次々にタイルらしきものを壁に貼りはじめ、幾何学模様が現出する。タイルは「長電話」の表紙である。出版にパフォーマンス性をもたらそうとする坂本龍一は、「長電話」における電話パフォーマンス、本の表紙を使ったパフォーマンスで書物という古典的概念を次々に解体する。七時間後、三七一枚の表紙を貼り終えた坂本龍一は壁を指さして、「これも本です」とだけ言った[10]。

一九八四年。ＹＭＯ散開直後の坂本の活動は、既存のメディアを、絶えず異なるメディアに変換する試みとして行われ、これを「パフォーマンス」と称していた。このこと自体、その表現史として振り返られるべきものである。

また坂本は、「小説としての日記」の直後、意味深長に発言している。

（…）素人芸の時代っていうのかな、プロってのは定型を持ってるわけじゃない。その定型をそのままやっても、届かないっていうのかなあ、聴衆に、観客に。そういう面は確かにあるだろうな、今[11]。

実際の坂本の「日記」が「小説」になっているか（いたか）は措いて、プロフェッショナルで公的な文学の中心概念である「小説」と、アマチュアで私的な「日記」が相乗することを、一種のパフォーマンスと見なしていたことは間違いない。「小説としての日記」の実践云々よりも、この言い換えの言語行為こそが「パフォーマンス」であっただろう。

録音（レコーディング）としての日記

音楽を書籍の枠組みにパッケージする「アルバム」という習慣を、いまいちど逆手にとって「音楽図鑑」（一九八四年）と題したことにもパフォーマンスの意図があった、かもしれない。[12] 一九八三年一月に始まった録音は、「シュールレアリズム的な自動筆記」の実践で、「先入観無しに出て来るものを記録」することを意図したものだった。[13] アンドレ・ブルトンの自動筆記に倣って、「ほとんど毎日、とにかくスタジオに入っ」た。[14]

——とまあ聴いてみればどこにそんなに時間をかけてるの、と言われそうなカンジで8月9日の午前にやっと終了。足掛け1年8ヶ月、ともかく終わった。翌8月10日、ブラジルのサン・パウロめざして成田から飛ぶ、25時間の旅。[15]

「音楽図鑑」の録音は、一九八四年五月十六日にも行われていた。「長電話」が刊行され、パフォーマンス「The Grey Wall」が実施された日だ。先に引いた「『スター』日記」後半、「音響、ソロ、録音。が、録音にならない。疲れた」と書かれている。「音響」とは、一九七四年に竣工した銀座にあるスタジオ、音響ハウスを指す。そして、二〇一五年に発売された「音楽図鑑　デラックス・リマスター盤」に、この日の録音が「マ・メール・ロワ -0014-02-MAY16」として収録されている。

一九八四年に発売されたオリジナルでは、ひばり児童合唱団、近藤等則によるトランペット、デヴィッド・ヴァン・ティーゲムによるパーカッションが加わるのに対して、「MAY16」はFairlight CMIによるシンセサイザー「ソロ」である。[16] この曲については、「音楽図鑑のためのメモランダム」に次のような解説がある。

マ・メール・ロワ　マザー・グースのこと。僕の最愛の作曲家モーリス・ラヴェルに同名の曲がある。高橋悠治の名曲「エピクロスのおしえ」への賛意もこめて、絶対にこの曲は子供の歌声でなければならないと、瞬時にして思う。アジアの子供たちの明るい声音　トランペットは　まるで見知らぬ異星人たちの言葉（オシャベリ）　くすんだピアノの音が　コラージュされ　僕はパリにいる　ビデオのフィードバックのような　幻想画が生まれる　こんなイメージの二重焼きから僕はいつも逃れられない。不格好な異星人と子供たちが同じ園で交感し、遊んでいる現代的なファンタジー。子供達はすっかりタオイストだ。[17]

二〇一五年のインタビューで坂本は、「MAY16」について「骨組みっぽいですね。（略）鯨の骨みたい」と述べ、Fairlight CMIによる「変な音」がいいと思ったという。

> Fairlight CMIを使っていろいろ音を重ねていって、自分1人でも完成させられるんですけど。それだとあまりにもきちんとできちゃって、ガラス細工のようでほころびがない。今でもそうなんですけど、どこかが壊れてないといいものにならないというのがあって、壊すために近藤（註・等則）君を呼んだ。どこかほつれを作りたかったんです。[18]

「メモランダム」によれば、高橋の「自然について　エピクロスのおしえ」（児童合唱、楽器、一九七五年）のオマージュとして、児童合唱は初めから計画されていたようだ。そこにトランペットによる「ほころび」を、「異星人たちの言葉（オシャベリ）」として導入したことになる。「『スター』日記」によれば、この録音は、七月二十一日に行われている。

> 7月21日、9時起床。ＡＫＫＯバタバタと「出前」に出かける。2時、音響。3時半にベースの稲葉（註・国光）さん、7時半にひばり合唱団、10時に近藤等則と次々録音。2時帰宅。[19]

錬成（エラボレーション）としての日記

「音響、ソロ、録音。が、録音にならない。疲れた」。

「長電話」が刊行された日、午前中のパフォーマンス「The Grey Wall」の「疲れ」を強調したかに読めた逆説助詞「が」は、楽曲の完成を予測した自身への反発であっただろう。

二〇一五年に公開された「マ・メール・ロワ -0014-02-MAY16」が明らかにしたのは、曲の完成が見えた時点の録音と、自らそれを壊した「マ・メール・ロワ」のオリジナルとの対比だ。同時に、この二つの録音の間に、坂本が予測し、未完成にした「マ・メール・ロワ」が潜在的に存在する。

二〇二一年に初演されたシアターピース「ＴＩＭＥ」の初演を見て、坂本は「初めて破壊衝動」が生まれたという。その理由を、「完成した作品として一瞬でも捉えてしまったことが、自分で耐え難かったのかもしれ」ないからだ、と回顧していた。[20]

「マ・メール・ロワ」のエピソードと「ＴＩＭＥ」のそれは、レベルが違うのだろうと想像する一方で、先ほどの発言の続きで次のように坂本は補足する。

> 曲を構築するために（註・山下）達郎君を呼んで、壊してもらうために近藤君を呼ぶ感じ。それは『ESPERANTO』でアート・リンゼイを呼んだときも同じですね。[21]

「音楽図鑑」は自動筆記によって、個人的な表現ではなく集合的な無意識として、いわば神話的表現を期待したという。とはいえ、坂本は神秘主義に陥る様子も無く、冷静に、構築と破壊のために他者を招き入れながらスタジオ・ワークを続けていたことが窺われる。共演者の役割を、祭司として、構築か破壊の極に立たせていたのだろう。

スタジオ・ワークを続けることで、坂本は現実の音楽として録音を繰り返し、「それをまた打ち破ろうと、毎日スタジオに通う」[22]。つまり録音が日課であり、演奏の記録は日記となった。しかし、それは公開されることのない「進行中の作品（ワーク・イン・プログレス）」であり、これを補完するために、『スター』日記」が発表されたと考えるべきなのかもしれない。およそ三十年後に公開された「音楽図鑑　デラックス・リマスター盤」もまた、日記である。

> 音楽でも、僕の場合はそうなんですけれども、いつもつくるプロセスというのが一番おもしろい。メディアというのは、本当はうそついていて、メディアを通して皆さんの聴くものというのは、結果でしかないけれども、僕たちが実際楽しんでいるのは、そのつくるプ

ロセスなんですね。そのつくるプロセスを与えるメディアというのは、いまは余りないから、あいまいな形でパフォーマンスと呼んでいるんですけれども。[23]

「音楽図鑑」を制作していた時期のこの発言は、坂本の作品概念を考える上で重要なポイントであるだろう。この作家の数少ない特徴が見られるからだ。つまり、結果ではなく「プロセスを与え」たい。従来の意味での楽曲の完成、アルバムに収録された録音を必ずしも作品としていないのだから。

坂本は、ロックやジャズで「たまたまレコードに定着され」た録音を、「教科書のようにコピーする」ことに違和感を覚えるという。[24]「アヴェク・ピアノ——戦場のメリークリスマス」（思索社、一九八三年）を発売の際に、自らが「うろ覚えで弾いた」曲を採譜してもらい、最終的に自ら楽譜にしたという。実際的には、「フレーズだけメモってあってさ、それを適当に自分の好きなだけ弾けばいいというね、そういうメモの方がよかったんだけど」と嘆息している。[25]言い換えれば、映画「戦場のメリークリスマス」のサントラ盤は、シーンにあわせた演奏が「たまたまレコードに定着されたもの」であり、作品としての楽曲は、楽譜でも録音でもない演奏だということになる。プロセスへの意思表示は、アルバムのためのスタジオ・ワークを、無観客ライブの会場に見立て、編曲と演奏は、テイク数分の変奏となって、楽曲を錬成するだろう。

「つくるプロセスを与えるメディア」という発言は、アルバムとして「完成されたテープは全部捨てて、サンプリングされた音源と演奏データは全てディスク・ファイルとして準備し、ハイテク・コンピュータをステージ上でエディット操作する、画期的ライブとなる」[26]、と予告された、「メディア・バーン・ライブ」（一九八六年）へと展開する。

こうした作品概念は、「Ryuichi Sakamoto Playing the Piano 2009」、「Ryuichi Sakamoto Playing the Piano 2009 Europe」、「Ryuichi Sakamoto Playing the Piano North America Tour 2010」、「Ryuichi Sakamoto Trio Tour 2011」などでの、iTunesやStreamingによる、楽曲を錬成するパフォーマンスの日記としての公開に繋がる。すべての演奏に日付がつくことで、同名曲は自己同一性を保ちつつ差異化され、あらゆる楽曲が、「開かれた作品」として共有されたことに、私は驚愕する。

錬成としての日記の配信は、「Ryuichi Sakamoto Playing the Piano 12122020」、「Ryuichi Sakamoto Playing the Piano 2022」へと続いていく。

聴くための日記

「async」（二〇一七年）は、リリースと同時に、自らのスタジオと同じスピーカーを用いた「設置音楽展」に展開した。[27]「つくるプロセス」である日常、演奏し、モニタリングする環境へと聴衆を招き入れる作品の公開であった。

リリース直後に行われたライブは、「Playing（演奏）」ではなく、「坂本龍一 Performance in new york: async」と題されていたことにも注目したい。そして、多くの音楽家の参加を得た、「async Remodels」がリリースされる。他者へと開かれた音楽の錬成は、坂本を聴く人の位置へと誘導するだろう。

没後刊行された「ぼくはあと何回、満月を見るだろう」、鈴木正文による「著者に代わってのあとがき」によれば、坂本は、二〇二一年一月から二〇二三年三月に亡くなる直前まで、「メモのごとき日記をたくさんつけていた」という。[28]

二〇二三年一月にリリースされたアルバム「12」には、二〇二一年三月十日から二〇二二年四月四日までの日付をタイトルに持つ十二曲が収録されている。現在公開されている日記に、曲名の日付と重なるテキストは無い。

このアルバムは、これまでのスタジオ・ワークとは異なるだろう。坂本自身を聴き手とする即興の記録である。「トラック8、9、11以外は一筆書きです。8、9、11は推敲しています」

という発言が公開されている。[29] 逆から言えば、全十二曲のうち九曲は、聴衆同様、坂本も初めて聴いた音が記録されている。それは錬成されることのない、音の記録である。言い換えれば、プロセスでなく、始まりの音だ。本書に収録したインタビュータイトルそのままに、「あるがままのS（サウンド）とN（ノイズ）にM（ミュージック）を求めて」だろう。

> 音楽には、作曲したり、演奏したりといった要素があるわけですけど、「聴く」ことも音楽だっていうところに到達しないといけないわけです。やっと十代で知り合ったジョン・ケージの思想に触れた（笑）。「聴く」ということがすこしわかってきたかな。いまは弾くことよりも、「聴く」ことがとても大事だと思っています。[30]

「12」では、演奏者である坂本の呼気や、楽器の発するサウンドとノイズが音楽を求めている様が記録されている。演奏する身体であるよりも、坂本自身が「聴く」ことに集中していることが窺われる。言わば、坂本自身が演奏しているのではなく、「聴く」心地に身を置こうとしている。弾いている音を聴いているのか、聴いている音を弾いているのか分からない、荘子の「胡蝶の夢」のような境地だ。

他方で、トラック8「20220302　sarabande」、9「20220302」、11「20220404」は、これま

で同様に、作曲、編曲、演奏、変奏が重ねられた。特に、「20220302 sarabande」は、二〇二一年九月に収録された「Ryuichi Sakamoto Playing the Piano 2022」で初演されている。「12」のウェブサイトに掲げられた、李禹煥の言葉がある。

ところどころドビュッシーやサティーを思い起こさせるところがあるが、それよりも、
遥かな宇宙や自然と良いコンタクトをとれているように感じ、素晴らしい。[31]

特に「20220302 sarabande」は、エリック・サティの「3つのサラバンド」を彷彿とさせる。いずれにしても、この三曲には、他の日付に行われたスタジオ・ワークが含まれているのかも知れない。「マ・メール・ロワ」のような出来事があったかもしれない。ピアノ・ソロではあるが、構築と破壊の契機があったはずだ。

已然として音楽の錬成に対する貪欲さを失わず、枯れた境地が同居し始めていた地点に、新機軸を期待した。

註

1 坂本龍一『ぼくはあと何回、満月を見るだろう』新潮社（二〇二三年六月）264頁
2 註1、265頁
3 坂本龍一「作曲者のことば」レコード『現代日本ピアノ音楽の諸相一九七三―』解説 日本コロムビア（一九八三年十月）5頁
4 見田宗介『社会学入門 人間と社会の未来』岩波新書（二〇〇六年四月）86～95頁
5 「長電話」は、一九八三年十二月十五、十六、十七日の三日間、石垣島のホテルの室内電話で収録された。
6 高橋悠治、坂本龍一『長電話』本本堂（一九八四年五月）197頁
7 註6、196頁
8 坂本龍一「『スター』日記 3」『水牛通信』59号（一九八四年六月）5頁。
9 三浦憲治撮影「The Grey Wall. 坂本龍一の『書物の解体学』」『平凡パンチ』21巻22号（一九八四年六月十一日）3～8頁
10 坂本龍一『本本堂未刊行図書目録』朝日出版社（一九八四年十一月）214頁
11 註6、198頁
12 一九八四年十月のアルバム発売後、一九八五年五月に本本堂から同名の書籍が出版される。
13 坂本龍一「『音楽図鑑』徹底解剖」『キーボード・マガジン』37巻2号（二〇一五年三月）31頁
14 坂本龍一『音楽は自由にする』新潮社（二〇〇九年二月）159頁
15 坂本龍一「『スター』日記 6」62号（一九八四年九月）5頁。なお「ブルータス」誌の取材旅行の前日に録音が終了し、帰国後の八月二十二日にリマスターの確認をしている。
16 註13に同じ。
17 坂本龍一『音楽図鑑 エピキュリアン・スクールのための』本本堂（一九八五年五月）62頁
「音楽図鑑のためのメモランダム」には、フレドリック・ジェイムソンが「ポストモダニズムと消費社会」（ハル・フォスター編「The anti-aesthetic」一九八三年に収録。邦訳「反美学」は勁草書房から一九八七年四月に刊行）でこの時代の芸術表現の特徴と指摘した、「パスティシュ」と「分裂病」が顕著に見出される。
18 註13に同じ。
19 註15、4頁
20 註1、27頁
21 註13に同じ。
22 註14、160頁
23 赤松憲樹、坂本龍一、高橋悠治、三宅榛名、諸井誠、矢野暢、船山隆「21世紀の音楽文化に向かって――声・楽器・メディア」『音楽芸術』42巻8号（一九八四年八月）42頁
24 註6、72頁
25 註6、70～71頁
26 義江邦夫編『Media Bahn Tour Programme』ヨロシタミュージック（一九八六年四月）13頁

27 二〇一七年の設置音楽展については、本書第六章に収録の坂本龍一インタビューを参照。

28 註1、268頁

29 坂本龍一「スタッフから教授へ『質問してもいいですか』」https://shop.mu-mo.net/st/special/ryuichisakamoto_12/（二〇二三年八月二日アクセス）

30 本書、209〜210頁

31 李禹煥「（無題）」https://shop.mu-mo.net/st/special/ryuichisakamoto_12/（二〇二三年八月二日アクセス）

第八章

解体から沈黙へ

松井茂

──解体から始まる──

一九六九年。李禹煥（一九三六年〜）は、高松次郎（一九三六〜九八年）について論じた文章で次のように書いている。

自然な世界のあるがままの光景にそのまま「出会い」たいという渇望──。作家であることを半ばやめつつある人間のまなざしに映る世界はなんと生き生きとしてみえてきたことだろう。[1]

この時期の高松は、タブローに実像を持たない虚像として「影」を描いた作品から、布やネットをたるませ、それを置いただけの「単体」シリーズであったり、多摩川の河原で石に小数点以下の数字を書いていくような、無観客のパフォーマンスによって「状態性」[2]を見せる制作を始めていた。[3]高松の変化は、李の批評のみならず、その制作、ガラスを石で割ったパフォーマンスの痕跡をインスタレーションとする、「関係項」シリーズの成立と呼応していただろう。[4]

こうした動向は、一九六八年五月にパリで始まった五月革命に端を発した、ポスト・モダニズムの始まりと連動した、既存の価値観への異議申し立てに基づくものであった。一九七〇年の日本万国博覧会（大阪万博）のような、繁栄だけが誇示される風潮は、マス・メディアの普及と浸透によるイメージ表現の過剰傾向にも現れた。建築家の磯崎新（一九三一〜二〇二二年）が、この時期に蛍光塗料や新素材を活用した虚像表現を手始めに、万博の「お祭り広場・諸装置」で「サイバネティック・エンバイラメント」[5]のテクノロジーを駆使したことは、過剰傾向の象徴といえるだろう。全く同じテクノロジーが、同時期の学生運動の封じ込めや、群衆管理の制御に用いられ、監視社会を進展していたことはアイロニカルな事実であった。こうした矛盾にいち早く反応した高松、李は、過剰な虚像表現を出発点に持ちながら、同時代の社会状況を批判する方向性を打ち出していく。それが「もの派」の登場に繋がっている。

一九六八年。坂本龍一が、新宿高校でアジテーションの演説をする写真が残っている。[6]李が

「関係項」を最初に実践した新宿で、坂本もまたポスト・モダニズムの始まり、解体の時代の空気感を共有していた。そして一九七〇年に東京芸術大学音楽学部に入学しながら、むしろ美術学部に出入りし、高松の授業にも参加したという。[7] 二〇一七年のインタビューで、「いままでは、全然そういう気配はなかったと思うのですが」と笑っていたが、[8] 問題意識は高松や李と変わらず、その思考の原型は、この時期に形成されていた。[9]

繰り返されるニアミス

クラシック音楽に対する解体の意識は、それまでの西洋音楽に民族音楽やメディア技術を対置する。それが第二次世界大戦後、国際的同時性を持った現代音楽が、一九七〇年頃までに果たした役割であっただろう。坂本はさらに、ここにポピュラー・ミュージックを導入することで、音楽のヒエラルキーの転倒を志向したのではないだろうか。

一方で、李や高松は、美術がマス・メディアの影響圏に近づいた一九六〇年代への反発で、一九七〇年代にファイン・アートとして表現を過激化させる。音楽と美術の領域で、相反するように見える動きが、実際には、それぞれの領域での解体の方法論であったことを、確認しておくべきだろう。

ＹＭＯ散開の翌一九八四年。ヨーゼフ・ボイスとナムジュン・パイクが来日し、「パフォーマンス」という言葉を、人口に膾炙させる。坂本もこの年を「パフォーマンス元年」と指摘する。[10] 東京で開催されたパイクの展覧会カタログには、元々交流が深い李が寄稿している。[11] 坂本は、パイクとパフォーマンスをし、同年ニューヨークに渡り、ビデオ作品を共作した。[12]

李は、一九七〇年代から親交をもったボイスについて、「拡散する表現の時代をリードしながら、己の身体的行為や生を支える根源的な素材へのこだわりが強く、私は多くの示唆をうけた」と書いている。[13]

李と坂本は、新宿におけるニアミスに続き、一九八四年にもパイクを介したニアミスを続けていたことになる。

一九八四年。坂本は「本本堂未刊行図書目録」（朝日出版社）を刊行している。この本は、十人のアーティストにブックデザインを依頼した未刊行の目録で、ニューアカデミズムと呼ばれる動向がもたらした最良の表現のひとつと言ってよいだろう。十人のアーティストには、高松が含まれていた。[14] 高松がデザインした書籍は、マルセル・デュシャン「グリーン・ボックス」、オクタビオ・パス「マルセル・デュシャン　あるいはガラスの館」、グレゴリー・ベイトソン「千年王国・バリ」、木村敏「時間発生の臨床学」、グレゴリー・ベイトソン「イルカを撃つな」である。

二〇一七年のインタビューの際、雑談でこのことを坂本に聞くと、編集者に高松への依頼を任せてしまい、直接会うことはなかったと話していた。

契機としてのグリーンランド

二〇〇八年。坂本は北極圏、グリーンランドに赴く。これは科学者やアーティストのプロジェクト「ケープ・フェアウェル」の一環だった[15]。

人間が自然を守る、という言い方があります。環境問題について語るとき、よくそういう言い方をする。でもそれは、ほとんど発想として間違いなんだと思います。人間が自然にかける負荷と、自然が許容できる限界とが折り合わなくなるとき、当然敗者になるのは人間です。困るのは人間で、自然は困らない。自然の大きさ、強さから見れば、人間というのは本当に取るに足らない、小さな存在だということを、氷と水の世界で過ごす間、絶えず感じさせられ続けた。そして、人間はもういなくてもいいのかも知れない、とも思った[16]。

一九六八年に始まった近代への異議申し立ては、思想として人文科学にもたらされた、エコロジーの始まりでもあった。しかし当時の意識は、人間を主体とする自然観に留まっていたことは否めない。二一世紀に入り、加速する気候変動が、改めて人類の終わりの始まりを自覚させつつあり、「人新世」や「ポスト・ヒューマン」と言われる言葉が一般的に使われるようになってきた。冒頭に引いた、「自然な世界のあるがままの光景にそのまま『出会い』たいという渇望」を表現の衝動にしてきた「もの派」は、アート・ヒストリーに組み込まれて久しいが、二一世紀、より広く社会的な観点から、その注目をあつめるようになっている。このことは、二〇二二、二三年に開催された、李の大回顧展の成功からも窺われるだろう。歴史的な「もの派」の回顧であると同時に、現在の表現として、自然と人間の関係性を再考させる良質の展覧会となった。

二〇一七年のインタビューで、坂本が、李の名前を召還した背景に、地球環境の変化を表現に反映するきっかけになった、グリーンランドの体験があったのではないか、と私は想像する。[17]歴史的な「もの派」としての李ではなく、現在進行系の表現者である李への新たな注目と発見が、坂本にあったのではないだろうか。

坂本は、エコロジーの音楽はないという前提を断った上で、もしそれがあるとすれば、「人間的なものを否定するようなものではないか」と指摘する。[18] 李もまた、二〇一八年の文章で次のように書いている。

> 私の作品に見られる沈黙の性格は、おそらく非－人間的だ。それは作品が特定の素材や方法の駆使もさることながら、やはり発想の根幹が自然や外部との関わりにあるためであろう。私は人間の言葉を拒むわけではないが、人間以外の音や声にも耳を傾けてみたい。[19]

「坂本龍一 with 高谷史郎 設置音楽2 Is Your Time」（ICC、二〇一七～一八年）で展示されたインスタレーションでは、東日本大震災に被災したピアノが使用された。坂本は、このピアノに「自然に還る姿」を見出す。これに前後して李は、坂本が音楽を担当した、アレハンドロ・ゴンサレス・イニャリトゥ監督の映画「レヴェナント　蘇えりし者」（二〇一六年）の環境音と音楽が聴き分けられないような表現に触発されたという。

二〇一九年。李は、ポンピドゥー・センター＝メスでの展覧会に際して、坂本に音楽を依頼する。坂本は李の家を訪ね、「音のないところの音を録」ったという。[20] 半世紀にわたるニアミスを経て行われたコラボレーションは、結果的に時宜を得たふたりの「非－人間的」な沈黙に接近する表現として結実したようにみえる。人間の沈黙によって捉えられる音や声、時間や空間の「間」にある表現だ。

二〇二二年。坂本は国立新美術館で李の個展を訪問し、李は自ら展示を案内したという。[21] ふたりのアーティストの相互浸透は、約半世紀にわたって、間接的に続いてきたものであるようにも感じられるが、いま直接的にふたりが言葉を交わしていることの現在進行系にこそ注目したい。

二〇二三年。坂本のアルバム「12」に、李がアートワークを提供した。李の作品として新境地を開くシリーズを予感させるドローイングである。

一九六九年。李は高松に対し、「作家であることを半ばやめつつある人間のまなざしに映る世界はなんと生き生きとしてみえてきたことだろう」と書いた。本稿の冒頭に引いた言葉は、李、坂本の現在の表現についても当てはまることだろう。二一世紀において、人間を脱中心化するために、アートが持つ「沈黙」の表現が問われている。

註

1 李禹煥『出会いを求めて 新装改訂版』田畑書店（一九七四年十二月）113頁

2 註1、114頁

3 以下の文献によれば、「影」シリーズは一九六四～六六年、「単体」シリーズは一九六九～七一年に成立し、ピークを迎えたとされる（個別の作品はこの年代以後も依頼に応じて制作されてはいる）。「石と数字」（一九六九年）は「単体」シリーズに含まれる。
中西博之「高松次郎の全体像 ドローイングと装幀・装画の仕事を交えて、年代順に」『高松次郎 制作の軌跡』国立国際美術館（二〇一五年四月）9～15頁

4 李の「関係項」シリーズは、一九六八年末、ハプニングとして始まった。

5 磯崎新『空間へ』河出文庫（二〇一七年十月）426頁

6 以下の文献では「一九六九年」と記載されているが、マネジメントによれば「一九六八年」の写真とのことである。
坂本龍一『音楽は自由にする』新潮社（二〇〇九年二月）65頁

7 本書、206頁

8 本書、206頁

9 註6、76頁

10 本書、218頁

11 李禹煥「ヴィデオを越えて 白南準のメッセージ」『ナムジュン・パイク展 ヴィデオ・アートを中心に』東京都美術館（一九八四年六月）31～33頁

12 All Star Video with Ryuichi Sakamoto by Nam June Paik / Japan / VHS / Sony / 78ZM 80 / 1984.12.21

13 李禹煥『両義の表現』みすず書房（二〇二一年五月）86頁

14 その他の九人は、井上嗣也、赤瀬川原平、安西水丸、細野晴臣、浅羽克己、沼田元気、奥村靫正、日比野克彦、菊地信義。

15 https://www.capefarewell.com/ryuichi-sakamoto/（二〇二三年八月二日アクセス）

16 註6、245頁

17 坂本がコラボレーションする、霧の彫刻家、中谷芙二子は以前からグリーンランドを作品の想像力のひとつとしてきた。その背景には、グリーンランドで研究を続けてきた科学者である父親、中谷宇吉郎の影響がある。

18 註6、244頁

19 註13、32頁

20 李禹煥、牧信太郎構成「李禹煥が語る『坂本龍一の音と音楽』」『美術手帖 ウェブ版』（二〇二三年三月十九日）https://bijutsutecho.com/magazine/series/s67/26907（二〇二三年八月二日アクセス）

21 坂本龍一『ぼくはあと何回、満月を見るだろう』新潮社（二〇二三年六月）264頁

第九章

コモンズを求めて——配信者という芸術家像のはじまり

松井茂

配信という表現

二〇二二年十二月十一、十二日。空音央（そらねお）が監督した、NHK放送センターの509スタジオでの演奏記録「Ryuichi Sakamoto Playing the Piano 2022」は、モノクロームの映像で配信された。[1] 特殊な効果は用いず、崇高さを狙う演出でもなく、求心的で親密な雰囲気さえ感じられた。曲間、演奏から演奏への予備動作など、些細なショットが呼び起こすこうした感興は、映画「Ryuichi Sakamoto: CODA」（二〇一七年）の撮影監督を務めたことで培った、監督と被写体との信頼関係に基づくショットに違いない。本作は長編映画「Ryuichi Sakamoto | Opus」に帰結する。以下に監督のステートメントを紹介しておく。

坂本龍一にとって、ピアノは生涯で最も長く付き合った楽器であるとともに、彼が終生批判的に捉えていた近代性や西洋音楽の体系を象徴する楽器でもあった。平均律の不自由さに限界を感じ、非西洋音楽や電子音楽、ノイズに目を向けるが、ピアノは常に坂本の身体の延長として共にあり、そのことに対していつも、少なからず矛盾を感じていたようだ。しかし、その「矛盾を弾く」作曲家の演奏に耳を傾けると、12音階どころか、ありとあらゆる音がピアノと坂本龍一の身体から生まれ出てくるのがわかる。そういった矛盾や身体性を大切にしながら、音と音の間で起こる事象がよく見え、よく聞こえるように、演奏をしっかりと記録するように努めた。[2]

二〇二〇年以来、配信が日常に浸透した私たちの眼には、拍子抜けするくらいに抑制された表現だった。ライブでなく、一曲毎を丁寧に記録した映像の配信は、坂本の身体の事情が理由として強調されたが、私には、様々な選択肢を持つ表現者ならではの判断に基づく、メディア・パフォーマンスの集大成に感じられた。

動画の時代

二〇世紀後半、メディア技術の進展は、ほぼあらゆる芸術形式に視覚と聴覚の合成を求めた。美術に音がつき、音楽に絵がつく。

二〇世紀の初めから、世界のすべては記録された映画となった。世紀の中頃には、テレビジョンによって、本番だけでなく制作過程のすべて——例えば、人間の一生さえも——が、パフォーマンスであるかのように実況中継できるようになる。映画とテレビを仲介し、あらゆる表現を映像化するのに一役買ったのは、ビデオという記録方式の登場だった。やがてアナログとデジタルが入り混じり、中継からネットワークによる配信へ、記録メディアもテープからストレージへと変わる。特にYouTubeの躍進は、すべての映像を動画に統合した。

二一世紀初頭、動画共有サイトと、サブスクリプションの一般化は、身体に基づく視覚（ヴィジョン）よりも、社会的に構成される視覚性（ヴィジュアリティ）を問う傾向を強化しているだろう。配信に対する芸術家の態度は、ますます重要なクリティカル・ポイントとなってきた。

坂本は、「インターネット元年」と言われる一九九五年から配信に取り組んできた。「元年」と呼ばれる理由の一因、オペレーティング・システムである「Windows 95」(日本版)は同年十一月二十三日に発売されている。一九九五年十一月三十日、坂本は早くもコンサートを配信している。[3]その記録は、DVD「D&Lライブ・アット 武道館 11・30・95」にも残され、坂本は配信成功の快哉を叫んでいる。しかしながら、観客たちがその意義を分かっていたとは思えない。なぜなら、この当時、日本のインターネット利用者は百万人で、総人口の1%に満たなかったからだ。

トリオをやる。ピアノを弾く。でもインターネットも拡大していく。その理由は、自分でもわからない。でも、そのどちらもスリリングなところが、好きなんだと思う。

ネットのことを「新しいメディア」だと言う人がいる。新しいメディアだという言い方は、レコードからCDになる時やDVDとかがあらわれた時に使われるけど、僕はそんなにドキドキしたりしない。でも、ネットは「新しいメディア」以上の何かだと思うな。何でかっていうと、ネットに僕らの社会というか、世界が全部そっくりあるからじゃないかな。ＣＤにはそんな社会がないからさ。

ネットには、愛も暴力も悲劇も喜劇も全部あるんだよ。[4]

一九九六年の坂本の言。インターネットと演奏のスリルが並列されている。また「インターネットが社会を支配していくだろう」と、坂本が話していたという大貫妙子の証言がある。[5] 新しさ以上の何かを、「スリル」とも「支配」とも考えていたことは興味深い。社会を管理（コントロール）し、音楽を制御（コントロール）する即物的な認識の重なりに、坂本は自身の表現の主題を見出していたのではないだろうか。

坂本は、インターネットで作品の流通をはかるために、著作権による「管理」に対して、この時期から議論を推進していた。このことは、配信者という芸術家像の意識の萌芽であり、その具体的なはじまりであったと言えるだろう。[6]

パイクへのオマージュ

一九九九年にオペラ「LIFE」が初演される。浅田彰がコンセプト・デザイナーを務め、高谷史郎が映像で参加している。このオペラは、音楽と映像とパフォーマンスによる作品で、ジャン＝リュック・ゴダールの「映画史」（一九九八年）をリファレンスとしている。二〇〇七年にはインスタレーション作品へと展開する。インスタレーション版に導入されていない要素として、このオペラにもインターネットをパフォーマンスとして取り込む実験があった。高谷によれば、それは次のような目論見だった。

その場で踊っている人を撮影し、インターネットを使って地球を一周させて戻ってきたものをプロジェクションして、もう一度撮影して、それを送っていったら、リレーしてどんどんズレていくのではないかと。つまりインターネットのスピードでデータを回したときに、どれだけ地球の大きさを感じられるかという。だから、デジタルだけどすごくフィジカルで、わかりやすい（略）実際には、思っていた以上にインターネットのスピードが速くて意外とズレなかった（笑）。[7]

音楽の緻密な時間と、インターネットの時間を対比させるために、地球をディレイ・マシーンとするアイディアは、いまもって有効な表現手法となると想像されるし、音楽やインターネットにおける遅延という主題は、二〇一七年のアルバム「async」に展開したともいえる。

「LIFE」でのインターネットの表現は、ナムジュン・パイクがテレビ中継で実践した表現へのオマージュだったと坂本は語っている。[8]「LIFE」以前、坂本と浅田は、パイクのサテライト・アート三部作（一九八四〜八八年）にも参加しているし、パイクと坂本はビデオ作品「All Star Video」（一九八四年）も制作し、映像を批評するメディア・パフォーマンスの実践を始めていた。「映像の政治」に「一条の亀裂を走らせる」[9]ことを意図した、浅田、坂本、ラディカルTVによる「TV WAR」（一九八五年）は、テレビに象徴される「映像の政治」への攻撃であっただろう。それが先述した一九九五年のインターネット配信へと展開し、「LIFE」にも繋がった。

画質よりもコモンズへ

二〇〇六年に坂本は、新たなレーベルでありプロジェクトとして「コモンズ」を設立する。曰く「音楽のために必要な『共有地』を作ろうと。いろいろな試行錯誤」を始めたという。[10] つまり、支配（コントロール）あるいは管理（コントロール）の軸に肥大したインターネットが、音楽産業の構造的変化をもたらしたことに対する、オルタナティヴな取り組みであった。

試行錯誤として、「Ryuichi Sakamoto Playing the Piano 2009」「Ryuichi Sakamoto Playing the Piano 2009 Europe」全二十四公演のライブ音源が、公演終了後最短二十四時間で公開された。「Ryuichi Sakamoto Playing the Piano North America Tour 2010」では、音源の公開に加えUstreamを使った映像の配信も行われた。「Playing the Piano from Seoul 2011」でもこれは継続され、配信映像はＤＶＤ化もされている。

こうしたインターネット経由での無料ライブ中継は、「skmtSocialproject」として実施され、有志によるパブリック・ビューイングの開催、コンサートのバックステージの共有やレポートの公開など、音楽を中心としたシェアリング・カルチャーを先導した。

ここで追求されたのは、画質よりもインターネットによる臨場感、即時性であり、共有感としての「コモンズ」というメッセージであった。

コロナ禍下での配信

二〇二〇年四月二日。配信者としての蓄積は、コロナ禍への素早い反応として現れた。「Ryuichi Sakamoto PTP04022020 with Hidejiro Honjoh」でのライブ配信の最後、YMO時代の名曲「Perspective」の前奏が終わり、歌い出すのかというところで、画面に「Every day I open the window」と歌詞が表示された。私は「あっ」と、笑ってしまった。最近の坂本が歌わないことは想像していたし、飛沫感染や換気への啓発が目的で、ユーモアではなかったはずだが、声は出さず歌詞の字幕！　心憎い演出に思った。

二〇二〇年十二月十二日。ライゾマティクスの映像演出で、「Ryuichi Sakamoto Playing the Piano 12122020」がライブ配信される。ライブ演奏と共に、リアルタイムで曲毎に異なる背景がCGで合成される配信だった。この直後の複合現実（ミクスト・リアリティ）（MR）作品の撮影に先行して設定されたライブだった[11]。

二〇二一年六月二十七日。アムステルダムで行われたシアターピース「TIME」の初演が配信される。配信を意図した作品ではないが、高谷と坂本によるコラボレーションの金字塔だろう。田中泯（朗読・ダンス）と宮田まゆみ（笙）による夢物語のパフォーマンスによって、時間の特性を破壊する目論見は、大成功していると思う。[12] 坂本は初演の成功を見て、この作品を破壊したい衝動に駆られたというが、[13] ぜひ再演して欲しい。[14]

二〇二二年十二月十一、十二日。「Ryuichi Sakamoto Playing the Piano 2022」の配信では、前述した映像の後半、坂本自身、演奏を振り返り「新境地」だと感想を述べ、リリース前のアルバム「12」全曲を配信した。記録映像からコメント、「12」の同時視聴というこの日のメディア・パフォーマンスは、インターネットがもたらす「コモンズ」を仮設的に形成し、圧倒的な配信芸術の体験として、同時代を共有する多くの人々の記憶に刻まれた。

註

1 以下の文献に収録自体は二〇二二年九月に行われたことが書かれている。坂本龍一『ぼくはあと何回、満月を見るだろう』新潮社（二〇二三年六月）261頁

2 映画「Ryuichi Sakamoto | Opus」の公開に向けて寄せられた、二〇二三年の空音央監督のステートメントより。

3 Ｄ＆Ｌインターネットライヴ中継実験実行委員会の名義による、一九九五年十一月二十日の告知記事として、ウェブサイト「Ｄ＆Ｌインターネットライブ中継実験」が残っている。曰く、「現在、日本全国をツアー中の『三菱電機スーパーセレクション 坂本龍一ツアー'95D&L with Daizaburo Harada』の11月30日に日本武道館で行われるコンサートにおいて、M-Boneによる生中継など、現在インターネット上で展開可能な技術を駆使して大がかりな実験が行われます。この実験のために坂本龍一・原田大三郎を会長とした『Internet Live Experimental Association』が組織されました。（略）特に衛星を使って全国的な規模にマルチキャストコミュニケーションが行われるのは、世界初の試みです。（略）本実験は非営利目的のため、全てボランティアの力により実行されます」。https://www.sitesakamoto.com/projects/DandL/netLIVE/press.html（二〇二三年八月二日アクセス）

4 坂本龍一、後藤繁雄『ｓｋｍｔ　坂本龍一とは誰か』筑摩書房（二〇一五年十一月）79頁

5 大貫妙子「ゴム草履の記憶」『ユリイカ 臨時増刊 総特集 坂本龍一』41巻5号（二〇〇九年四月）43頁

6 坂本龍一「音楽著作権の独占管理改めよ」（『朝日新聞』一九九八年三月四日、4面）を掲載し、有識者に意見を求める形で公開されたウェブサイトが残っている。http://www.kab.com/liberte/home.html（二〇二三年八月二日アクセス）

7 高谷史郎、田坂博子「音楽とアート、目に見えない『美しさ』について」『美術手帖』69巻１０５３号（二〇一七年五月）60頁

8 坂本龍一、高谷史郎『LIFE – fluid, invisible, inaudible...』ＮＴＴ出版（二〇〇七年十二月）9頁

9 浅田彰／義江邦夫構成「TVEV LIVE」『ＧＳ たのしい知識』5号（一九八七年四月）左開き4頁

10 坂本龍一『音楽は自由にする』新潮社（二〇〇九年二月）235頁

11 二〇二三年六月、ヘッドマウント・ディスプレイで体験する作品「KAGAMI」として、ニューヨークで公開された。

12 註1、239〜241頁

13 註1、24〜27頁

14 「ＴＩＭＥ」日本初演は以下の予定。東京公演（新国立劇場 中劇場）二〇二四年三月二十八日〜四月十四日（十五回公演）。京都公演（ロームシアター京都 メインホール）二〇二四年四月二十六日〜二十八日（三回公演）。

おわりに——解題と初出

松井茂

ここまで読まれた方には確認となり、はじめに「おわりに」を読む方には紹介になります。本書の主役は、第二部にまとめられた坂本龍一さんの三つのインタビューです。そして第一、三部の論考では、第二次世界大戦後の現代芸術の歴史に、坂本さんを位置づけています。つまり実験工房からＹＭＯへという、美術批評家の椹木野衣が提起した戦後美術史の歴史観と、川崎弘二さんの著書『武満徹の電子音楽』を補助線に、武満から展開した、マス・メディアの中の芸術家像の誕生を強調しています。要約すると、二〇世紀後半においてポスト・モダニズムを象徴する芸術家であり、二一世紀前半においてはインターネット・メディアを支持体に、配信を表現形式とした芸術家であることを述べています。

坂本さんの全生涯についてや、特別なエピソードを期待した向きには肩透かしであったかもしれません。逆から言えば、そのような関心だけに留まっていてよいのか、という問題意識が本書執筆の動機とも言えます。

マス・メディアかインターネット・メディアの中で、坂本さんをきっかけに、芸術、思想、文化に親しみ始めた人々は、枚挙にいとまが無いはずです。私たち自身の時代の芸術を語るに際して、坂本龍一という芸術家を歴史の中に位置づける必要を感じ、川崎さんと研究会を始めたのが二〇一七年でした。それから六年が経ち、私たちの研究は、未成熟な段階に留まり、忸怩たる気持ちです。しかしながら、坂本さんを失ったいま、自分たちの思い出や個別のエピソードに耽溺するのではなく、その芸術活動を研究対象とする議論の端緒を開くことこそが、追悼にも繋がることではないかと考えました。

以下に、本書に収録した文章の解題と初出を紹介します。

第一部「マス・メディアの中の芸術家像——一九八四/八五年を中心に」では、本書が一九八四/八五年を特筆する理由を説明しています。

第一章、松井による「メディア・パフォーマンスというゲリラ戦」は、本書の導入として、一九八〇年代において、芸術と芸能を重ね描き、社会に浸透させる役割を果たした筑紫哲也の「朝日ジャーナル」を紹介すると共に、マス・メディアに対して、メディア・パフォーマンスという表現形式が持ちうるゲリラ性を紹介します。

本稿は、松井が監修した「坂本龍一」特集の「美術手帖」二〇一七年五月号（第六九巻通巻一〇五三号）に寄稿したいくつかの原稿を基に、大幅に加筆した文章です。

第二章、川崎さんによる「作曲家・坂本龍一と武満徹という芸術家像」は、マス・メディアの中で活躍した戦後日本を代表する作曲家、武満の存在を仮想敵として位置づけてきた坂本さんの芸術観を詳述します。

本稿は、「作曲家・坂本龍一と武満徹という芸術家像」として、研究会「マス・メディアの中の芸術家像」（国際日本文化研究センター、二〇一九年五月十四日）で、口頭発表された文章です。

第三章、「『一九八四／八五年のメディア・パフォーマンス』のための質問状」は、第二部第五章のインタビューのために川崎さんが準備した質問状です。坂本さんにも事前に目を通してもらいました。質問としてまとめられていますが、一九八四／八五年の坂本さんの発言を集めた資料集としての性格を持つこと、筆者たちの考えを読者に共有する上で意義があると考え、ここに採録しました。

第二部「二〇世紀芸術を超えて──坂本龍一インタビュー」では、坂本さん自身が、一九八〇年代のメディア・パフォーマンスの実相を、二一世紀の芸術状況、メディア環境から回顧しています。

第四章「武満徹との五十年を振り返る」（聞き手＝川崎）では、川崎さんの大著「武満徹の電子音楽」をきっかけに、坂本さんにとっての一九六〇年代からの現代音楽観が語られていることが注目されます。このインタビューを通じて、坂本さんが武満批判のビラを撒いたコンサートが特定されていることも興味深い。

初出は、「インタビュー坂本龍一、武満徹との50年を振り返る」ウェブサイト「Mikiki」二〇一九年一月十五日。

第五章「一九八四／八五年のメディア・パフォーマンス」（聞き手＝川崎＋松井）では、音楽に留まらない表現活動が展開した「パフォーマンス元年」が語り尽くされています。後半の質疑応答からは、アルバム「async」以降の活動にも、この時期の実験精神が展開されていることが述べられています。

初出は、「坂本龍一インタビュー」「情報科学芸術大学院大学紀要　第十一巻　二〇一九年」二〇二〇年三月十九日、一七六〜一八九頁。

第六章「あるがままのSとNをMに求めて」（聞き手＝松井）では、八年ぶりのアルバム「async」のリリースを目前に控え、自身の芸術観が大いに語られています。特に「もの派」への親近感から拡がった話題は、最後のアルバム「12」をも予見していた。

初出は、「あるがままのSとNをMに求めて」「美術手帖」二〇一七年五月号、通巻一〇五三号、一八〜三五頁。

第三部「音楽のエラボレーション——二一世紀の表現へ」は、二〇二三年一月から三月にかけて松井が書いた論考です。再録に際して加筆しています。

第七章「日記という表現形式から」では、一九八四年に「水牛通信」に連載した「『スター』日記」を手がかりに、パフォーマティヴな作品概念を探りました。エドワード・サイードの著書「音楽のエラボレーション」を手がかりにしています。

初出は、「日記という表現形式——音楽のエラボレーション」「美術手帖 ウェブ版」二〇二三年四月三日。

第八章「解体から沈黙へ」では、一九六八年から半世紀にわたる、坂本さんと李禹煥とのあいだで繰り返されたニアミス、二一世紀に時宜を得たコラボレーションの意義を探りました。

初出は、「坂本龍一、李禹煥に出会う——解体から沈黙へ」「美術手帖 ウェブ版」二〇二三年四月七日。

第九章「コモンズを求めて——配信者という芸術家像のはじまり」では、マス・メディアの中で培ったリテラシーを活かす形で展開した、インターネット・メディアへの表現者としての介入を探っています。この観点は、マス・メディアの中の芸術家像の最終形態であると共に、二一世紀的な芸術家像の始まりを予見するものです。

初出は、「配信者という芸術家像のはじまり——音楽の共有地（コモンズ）を求めて」「藝術新潮」二〇二

三年五月号、通巻八八一号、六〇〜六一頁。

以上が解題と初出です。各初出媒体の編集者の方々には、本書への再録を快く承諾いただいたこと、心からお礼申し上げます。

エピグラフとして、二〇二二年に逝去した世界的な建築家、アーティストである磯崎新さんのテキストを引用させていただきました。筆者である松井と川崎は、本書が主題とする一九八四年に発売されたアルバム「音楽図鑑」に寄せられた磯崎さんの言葉が、坂本さんの作品の妖しい魅力を言い当てていると考えました。掲載に際してご快諾いただきました辛美沙さんに深く感謝申し上げます。

本書の企画、編集に際して、さらには各文章の執筆時には、Kab Inc./KAB America Inc. の空里香さんに多大なるご協力を賜りました。筆者の記憶に鮮明なのは、坂本さんを研究対象として国際日本文化研究センターでの研究会「マス・メディアの中の芸術家像」にお招きする際のことで、現役の芸術家を歴史化するインタビューの依頼を躊躇しながらご連絡したところ、むしろこうした観点がなさ過ぎるという励ましの言葉をいただいたことは、いまに至るまで研究の支えになっています。格別の謝意を捧げます。

そして、極めて癖の強い主張をもった本書の論点を的確にブックデザインに活かしてくださった加藤賢策さん、担当してくださったフィルムアート社の沼倉康介さんに、この場を借りて謝辞を述べさせていただきます。

最後に、坂本龍一さんに心からのお礼を申し上げたいと思います。

松井茂

1975年、東京都生まれ。詩人、映像メディア学。情報科学芸術大学院大学［IAMAS］教授。付属図書館長。著書に『虚像培養芸術論　アートとテレビジョンの想像力』（フィルムアート社、2021年）。共著書に『テレビ・ドキュメンタリーを創った人々』（NHK出版、2016年）など。共編書に川崎弘二との『日本の電子音楽　続インタビュー編』（engine books、2013年）、伊村靖子との『虚像の時代　東野芳明美術批評選』（河出書房新社、2013年）など。詩集に『Cycle』（engine books、2023年）など。キュレーションに「TOKYO MELODY 1984　坂本龍一図書資料展」（IAMAS付属図書館、2023年）、「磯崎新の謎」（大分市美術館、2019年）、「磯崎新　12×5=60」（ワタリウム美術館、2014年）など。http://purepoem.daa.jp/

川崎弘二

1970年、大阪府生まれ。2006年に「日本の電子音楽」、2009年に同書の増補改訂版（以上 愛育社）、2011年に「黛敏郎の電子音楽」、2012年に「篠原眞の電子音楽」、2013年に「日本の電子音楽　続」（以上 engine books）を上梓。2014年にNHK Eテレ「スコラ　坂本龍一　音楽の学校　電子音楽編」に小沼純一、三輪眞弘と出演。2017年に芦屋市立美術博物館にて開催の「小杉武久　音楽のピクニック」展に企画協力、図録編集にて参加。2018年に「武満徹の電子音楽」（アルテスパブリッシング）、2020年に「日本の電子音楽　続々」、2021年に「ストーン・ミュージック」（以上 engine books）を上梓。http://kojiks.sakura.ne.jp/

坂本龍一（音楽家／アーティスト）

1952年、東京都生まれ。78年『千のナイフ』でソロデビュー。同年『YMO』の結成。散開後も多方面で活躍。『戦場のメリークリスマス』（83年）の音楽では英国アカデミー賞、映画『ラストエンペラー』の音楽ではアカデミーオリジナル音楽作曲賞、グラミー賞、他を受賞。環境や平和問題への言及も多く、森林保全団体「more trees」の創設、また「東北ユースオーケストラ」を立ち上げるなど音楽を通じた東北地方太平洋沖地震被災者支援活動も積極的におこなった。2013年山口情報芸術センター（YCAM）アーティスティックディレクター、2014年札幌国際芸術祭ゲストディレクターを務め、2018年piknic/ソウル、2021年M WOODS/北京、2023年M WOODS/成都で大規模インスタレーション展示を実施するなどアート界への越境でも知られた。2023年3月28日、71歳で死去。

坂本龍一のメディア・パフォーマンス

マス・メディアの中の芸術家像

2023年 9月30日 初版発行

編著者
松井茂
川崎弘二

インタビュー
坂本龍一

ブックデザイン
加藤賢策（LABORATORIES）

編集
沼倉康介（フィルムアート社）

発行者
上原哲郎

発行所
株式会社フィルムアート社
〒150-0022
東京都渋谷区恵比寿南1-20-6 第21荒井ビル
tel 03-5725-2001 fax 03-5725-2626
http://www.filmart.co.jp/

印刷・製本
シナノ印刷株式会社

Printed in Japan
ISBN978-4-8459-2307-6 C0073